潮汕文库·文献系列

庵埠歷代題刻

杨焕钿 编著

暨南大学出版社
JINAN UNIVERSITY PRESS

中国·广州

图书在版编目（CIP）数据

庵埠历代题刻/杨焕钿编著．—广州：暨南大学出版社，2019.1
（潮汕文库．文献系列）
ISBN 978 – 7 – 5668 – 2083 – 9

Ⅰ.①庵… Ⅱ.①杨… Ⅲ.①碑刻—汇编—潮汕 Ⅳ.①K877.42

中国版本图书馆 CIP 数据核字（2017）第 067844 号

庵埠历代题刻

ANBU LIDAI TIKE

编著者：杨焕钿

- -

出 版 人：徐义雄
项目统筹：黄圣英
责任编辑：冯 琳 杨雪瑾
责任校对：黄佳娜
责任印制：汤慧君 周一丹

出版发行：暨南大学出版社（510630）
电 话：总编室（8620）85221601
营销部（8620）85225284 85228291 85228292（邮购）
传 真：（8620）85221583（办公室） 85223774（营销部）
网 址：http://www.jnupress.com
排 版：广州市天河星辰文化发展部照排中心
印 刷：广州家联印刷有限公司
开 本：787mm×1092mm 1/16
印 张：14
字 数：349 千
版 次：2019 年 1 月第 1 版
印 次：2019 年 1 月第 1 次
定 价：45.00 元

总 序

潮汕文化历千年久远，底蕴渊深，泱泱广袤，又伴随着潮人的迁播而兼收并蓄，独树一帜，是中华文明中的重要一脉。

秦汉之前，潮汕囿于海角一隅，与中原殆少来往；自韩愈治潮，兴学重教，风气日开，人文渐著。宋朝文教兴盛，前七贤垂范乡邦；明朝人才辈出，后八贤称显于时。明清以来，粤东地区借毗邻大海的地理优势，与域外商贸频仍，以陶朱端木之业，成中西交汇之势，造就多元开放的文化格局。饶宗颐等学界巨匠引领风骚，李嘉诚等商海翘楚造福民生，俊采星驰，郁郁称盛。

而今国家稳步发展，蓬勃兴盛，潮汕地区凭借深厚的历史积淀，务实进取，努力发展传统文化及其产业，如潮剧、潮乐、潮菜、工夫茶、陶瓷、木雕、刺绣等，保持并革新精巧特色，在世界各地广泛传播，备受青睐。更有海外潮人遍布全球，为经济文化交流引桥导路，探索共赢模式，拓宽发展空间。

为促进潮汕文化的传承与创新，进一步推动潮汕文化"走出去"，在广东省委宣传部的大力支持下，海内外学者编写《潮汕文库》大型丛书。本丛书包括文献系列和研究系列，涉及历史、文学、方言、民俗、曲艺、建筑、工艺美术等多方面，囊括影印、笺注、点校、碑铭、图文集、口述史等多种形式，始终秉承整理、抢救传统文化的原则，尊重潮汕地区的家学渊源和治学传统。以一腔丹心，在历史沿袭中为文化存证，修旧如旧，求新而不媚俗于新；以一笔质朴，在字斟句酌中为品质立言，就事论事，求全而不迷失于全；以一纸恳切，在纷扰喧嚣中为细节加冕，群策群力，求深而不盲目于深。惟愿以此丛书，提升潮汕文化品位，凝聚海内外潮人，齐心发展，助力腾飞。

在成书过程中，广东省委宣传部高度重视，协调汕头、潮州、揭阳、汕尾市委宣传部，委托潮汕历史文化研究中心、韩山师范学院、暨南大学出版社组织编写与出版。海内外潮学研究专家倾注笔墨，潮汕历史文献收藏机构及热心人士鼎力襄助，在此一并致谢！

《潮汕文库》大型丛书编委会

2016 年 7 月

序

去年秋天，收到宪通老师的邮件，让我看一件拓片，了解原碑的情况。邮件中附了一个电话号码，是焕钿兄的。老师说，他是拓片的制作者。

因为这个因缘，我和焕钿兄一见如故，交换了电子邮箱地址和微信号，以便彼此沟通。

焕钿兄是庵埠人，对家乡的历史文物十分关注，又有一手拓碑的好功夫，平日里走村串巷，寻觅搜罗，把所见过的庵埠镇的石刻，都拓了拓片，结集成了本书。

石刻文献应用于历史写作，可以追溯到司马迁的《史记》，他在《秦始皇本纪》中引用了泰山、琅邪台、芝罘、碣石、会稽5处石刻文字，把秦始皇统一中国的得意，表现得淋漓尽致。汉以后刻碑之风盛行，魏晋史书多采录碑表，其中以郦道元《水经注》所录最夥。施蛰存先生《水经注碑录》一书，揭橥郦氏著录碑目270余种，并一条一条加了考释，成为研究唐以前石刻的名著。

宋代考古之风繁兴，石刻文献和钟鼎彝器同样成为研究对象，后人将这种研究称作"金石学"。宋代的金石学研究有两种取向，一种偏向于故实的考据而显示出对于史料的关心，如欧阳修的《集古录》强调用石刻与史传相验证；一种偏向于碑帖的把玩而引发对博物的兴趣，如黄伯思《法帖刊误》从考证转入鉴赏。

到了清代，金石学大盛，对宋人开启的两种取向，都有继承发展。流风所被，至今未衰，在焕钿兄的这一册《庵埠历代题刻》里，考古与鉴赏的取向依然明晰。

庵埠是潮汕名镇，自16世纪（明代中后期）开始，经济发达，人文荟萃，历史文化的积淀自然也比较丰厚，可以算是本地乡镇中的翘楚。在庵埠，宗族祠堂，故家宅邸，比比相邻。其间有名家所书匾额，可供品赏；有先人所立碑记，足资考征。《庵埠历代题刻》收录题刻140余条，以碑记、匾额为主，旁及摩崖与作为建筑装饰的名人书画。如《凡例》言，全书分上下两编，上编为匾额、书画、题刻，下编为碑记。著录碑记，意在存史。而上编每一条题刻之下，除附有出处说明、作者传略和内容注释之外，还有对其书法的细致点评，这也许为焕钿兄的趣味所在。这本书的出版，不但可以让关心地方历史者对庵埠有更多的了解，也可以同喜欢书画艺术的道友分享庵埠的菁华。

从焕钿兄的微信里可以了解到，他的行迹，不止于本镇本县，在潮汕很多地方，都有与他志同道合的年轻朋友。他们经常交流合作，制作各类题刻拓片。我想，如果将来大家都能够和焕钿兄一样，将自己乡里的题刻文物，搜集出版，对于潮汕文化建设的贡献，实在是一件可观的大事。

我因此愿意推介《庵埠历代题刻》，并在这篇序言里，寄托我的一点期待。

黄挺

2016 年秋凉，序于怀海室

凡　例

1. 本书收录题刻为现庵埠镇行政区域内已发现的摩崖、碑记、匾额，及装饰于古建筑中的名人书画（包括石刻、木刻、灰塑等），此外还博取各种老照片、金石录、方志、文集、知情人口述等资料，并附录已不存之题刻。

2. 本书分上下两编，上编为匾额、书画、题刻，下编为碑记。卷末另收已佚题刻。

3. 本书按年代顺序排列，具体年份不详者排于所处年代后。

4. 所收集题刻，自宋代至民国时期已发现者都予以收录，当代则只收录名人题刻。

5. 各篇均分为题刻图片、题刻说明、书法点评、作者传略、内容注释等几个部分。

6. 碑记如有标题者，依原题。若无题者则按原文内容定题，标题后附注题刻产生时间（年代、年号年份及公元年份）。

7. 原文不清或缺字，以及钤印不清楚或文字有疑问者以"□"标示。

8. 参考文献附于书末以便查阅。

目 录

总 序 ……………………………………………………………………………………… 001

序 …………………………………………………………………………………………… 001

凡 例 ……………………………………………………………………………………… 001

上编　匾额　书画　题刻

1. 白云岩（南宋，宝庆三年，1227） …………………………………………………… 002

2. 朱熹题刻（南宋，年份不详） ………………………………………………………… 003

3. 中离洞（明，嘉靖五年，1526） ……………………………………………………… 004

4. 报功祠（明，嘉靖二十四年，1545） ………………………………………………… 006

5. 张氏家庙（明，嘉靖二十九年，1550） ……………………………………………… 007

6. "永思"冠首联（明，年份不详） …………………………………………………… 008

7. 林氏家庙（明，万历二十七年，1599） ……………………………………………… 009

8. 忠宣公为太仆寺少卿诰封敕文（明，天启元年，1621） …………………………… 010

9. 岭海文明（明，天启六年，1626） …………………………………………………… 012

10. 崧岳贻燕（明，崇祯十五年，1642） ………………………………………………… 014

11. 谢氏宗祠（明，年份不详） …………………………………………………………… 015

12. 世德流芳（一）（明，年份不详） …………………………………………………… 016

13. 百里侯第题名（明，年份不详） ……………………………………………………… 017

14. 东岩（明，年份不详） ………………………………………………………………… 019

15. 正气正学（明，年份不详） …………………………………………………………… 020

16. 进士（明，年份不详） ………………………………………………………………… 021

17. 庄氏家庙（明，年份不详） …………………………………………………………… 022

18. 锦绣、桃源冠首联（明，年份不详） ………………………………………………… 023

19. 世德恩光坊题刻（明，年份不详） …………………………………………………… 024

20. 海邦正气（明，年份不详） …………………………………………………………… 026

21. 世德流芳（二）（明，年份不详） …………………………………………………… 027

22. 孝思维则（明，年份不详） …………………… 028

23. 洪氏家庙（明，年份不详） …………………… 029

24. 梅桂春秋（明，年份不详） …………………… 030

25. 曾家祠道（明，年份不详） …………………… 031

26. 吴氏家庙（明，年份不详） …………………… 032

27. 第高声旧（明，年份不详） …………………… 033

28. 飞凤岭石刻群（明，年份不详） ……………… 034

29. 隐士薛公墓道碑（明，年份不详） …………… 035

30. 丹谷飞翔（明，年份不详） …………………… 036

31. 素轩公祠题刻（一）（明、清，年份不详） ……… 037

32. 素轩公祠题刻（二）（明，年份不详；明，崇祯十四年，1641） ……… 038

33. 素轩公祠题刻（三）（明，万历二十三年，1595；明，年份不详） ……… 040

34. 素轩公祠题刻（四）（清，年份不详；清，康熙三十一年，1692） ……… 042

35. 李氏宗祠（清，康熙二十五年，1686） ………… 044

36. 科贡传芳（清，康熙三十八年，1699；清康熙三十九年，1700） ……… 045

37. 杨氏家庙（清，康熙三十九年，1700） ………… 046

38. 凤翼宗三（清，康熙五十年，1711） …………… 048

39. 闲云杨公宗祠（清，康熙五十年，1711） ……… 049

40. 熙朝吁俊（清，康熙五十四年，1715） ………… 050

41. 贡元（一）（清，康熙五十五年，1716） ……… 051

42. 光鉴斋（清，雍正元年，1723） ……………… 052

43. 贡元（二）（清，雍正十年，1732） …………… 053

44. 文昌祠（清，乾隆十一年，1746） …………… 054

45. 护龙古庵（清，乾隆十五年，1750） …………… 055

46. 杖国人瑞（清，乾隆十六年，1751） …………… 056

47. 梅溪书院（清，乾隆二十四年，1759） ………… 057

48. 乔柯远荫（清，道光三年，1823） …………… 058

49. 土厚千年旺，地灵万古春（清，光绪十四年，1888） ……… 059

50. 尧衢黄发（清，光绪十五年，1889） …………… 060

51. 林岩耕竹画（一）（清，光绪十八年，1892） ……… 061

52. 开益斋（清，年份不详） ……………………… 063

53. 观察第（清，年份不详） ……………………… 064

54. 书柿轩（清，年份不详） ……………………… 065

55. 枌榆保障（清，年份不详） …………………… 066

56. 龙溪书院（清，年份不详） …………………… 067

57. 吴道镕书法（清，年份不详） ………………… 069

58. 木棉祠题刻（清，年份不详） ………………… 070

59. 许氏宗祠题刻（清，年份不详） ……………… 073

60. 唐廷琮书法、竹画（清，年份不详）……………………………… 075
61. 仓颉圣庙（清末民国，年份不详）………………………………… 076
62. 吴凌竹画（清，年份不详）………………………………………… 077
63. 林岩耕竹画（二）（清，年份不详）……………………………… 078
64. 钟麟书法（民国二年，1913）……………………………………… 079
65. 林枚书法（民国三年，1914）……………………………………… 080
66. 郭氏宗祠题刻（民国七年，1918）………………………………… 085
67. 郑鲁书法（民国九年，1920）……………………………………… 087
68. 真君庙（民国九年，1920 年）…………………………………… 089
69. 许汝群书法（民国十年，1921）…………………………………… 090
70. 我潮之光（民国十二年，1923）…………………………………… 092
71. 灵和寺（民国十二年，1923）……………………………………… 094
72. 南邨（民国十四年，1925）………………………………………… 095
73. 郭烓书法（民国十八年，1929）…………………………………… 096
74. 抗暴御侮（民国二十三年，1934）………………………………… 098
75. 承先堂（民国二十四年，1935）…………………………………… 099
76. 庄氏宗祠（民国二十四年，1935）………………………………… 100
77. 檀信归依增福慧（民国二十四年，1935）………………………… 102
78. 颐养天和（民国二十四年，1935）………………………………… 103
79. 大崎桥（民国三十七年，1948）…………………………………… 104
80. 南华（民国，年份不详）………………………………………… 106
81. 鄞鹏兰画（民国，年份不详）…………………………………… 107
82. 郭氏家庙（民国，年份不详）…………………………………… 108
83. 龙溪中学（民国，年份不详）…………………………………… 109
84. 錞祖公厅（民国，年份不详）…………………………………… 110
85. 天乎莫问（民国，年份不详）…………………………………… 111
86. 陈兆五篆书（民国，年份不详）………………………………… 112
87. 宋子文书法（民国，年份不详）………………………………… 114
88. 南华居（民国，年份不详）……………………………………… 115
89. 缅先亭（1983）…………………………………………………… 116
90. 聚奢园（1987）…………………………………………………… 117
91. 流芳亭题刻（1988）……………………………………………… 118
92. 耀德学校（1989）………………………………………………… 119
93. 教忠学校（1989）………………………………………………… 120
94. "九品、三尊"对联（1990）……………………………………… 121
95. 宝树堂（1995）…………………………………………………… 121
96. 二房、永思堂（2003）…………………………………………… 123
97. 潮安县文里爱心基金会（2010）………………………………… 124

98. 庄陇乡（年份不详） ······ 125

下编　碑记

99. 请留公项筑堤疏（明，嘉靖二十四年，1545） ······ 128

100. 建寨伟绩（明，嘉靖四十年，1561） ······ 129

101. 碑记（明，万历二十四年，1596） ······ 130

102. 海揭四都渠堤济美碑记（明，万历庚戌年，1610） ······ 131

103. 桑梓碑记（明，万历四十八年，1620） ······ 133

104. 薛氏大宗祠祀典序碑（明，天启四年，1624） ······ 134

105. 府县约（明，崇祯四年，1631） ······ 136

106. 海阳薛氏大宗祠堂碑记（明，崇祯七年，1634） ······ 138

107. 杨公功绩碑记（清，顺治丙申年，1656） ······ 140

108. 心田薛公祠记（清，康熙五十一年，1712） ······ 142

109. 廉明澄海县主太老爷张审语（清，乾隆二年，1737） ······ 144

110. 薛氏大宗祠碑记（清，乾隆四年，1739） ······ 146

111. 洪氏家庙碑记（清，乾隆二十八年，1763） ······ 148

112. 谢氏宗祠碑记（清，乾隆三十三年，1768） ······ 150

113. 永垂致祭（清，乾隆三十三年，1768） ······ 152

114. 奉县主禁牌（清，乾隆三十八年，1773） ······ 154

115. 勒石永遵（清，乾隆三十八年，1773） ······ 156

116. 宪禁（清，乾隆四十六年，1781） ······ 158

117. 本源堂碑记（清，乾隆五十八年，1793） ······ 159

118. 北厝内公厅规条（清，乾隆六十年，1795） ······ 161

119. 捐设祭祀碑文（清，嘉庆十七年，1812） ······ 162

120. 杨氏家庙碑记（清，嘉庆二十二年，1817） ······ 164

121. 奉道府粮宪示禁碑（清，道光二十六年，1846） ······ 165

122. 奉宪示禁（清，道光二十七年，1847） ······ 166

123. 浚河碑记（清，道光二十七年，1847） ······ 168

124. 重建文阁碑记（清，道光二十七年，1847） ······ 170

125. 修堤碑记（清，光绪二年，1876） ······ 172

126. 严禁强乞碑（清，光绪三年，1877） ······ 174

127. 严禁借死图赖碑（清，光绪十二年，1886） ······ 176

128. 奉宪勒石（清，光绪二十六年，1900） ······ 178

129. 奉宪立石（清，光绪三十一年，1905） ······ 180

130. 潮汕铁路（清，光绪三十二年，1906） ······ 182

131. 创建志成堂祠记（清，宣统元年，1909） ······ 183

132. 庵埠海关地界（清，年份不详） ······ 185

133. 海阳县知事方瑞麟示（民国二年，1913） ·························· 186

134. 严禁占道碑记（民国六年，1917） ································ 188

135. 重建九世祖祠永思堂记（民国十一年，1922） ··············· 189

136. 洪氏世系碑（民国十二年，1923） ······························ 190

137. 重修崇德堂序（民国十五年，1926） ·························· 192

138. 潮安县政府布告（民国二十一年，1932） ···················· 194

139. 潮安第八区公共体育场奠基（民国二十五年，1936） ······· 196

140. "陈氏家庙"门额背面铭文（民国三十七年，1948） ········· 197

141. 重修文阁碑文（民国三十七年，1948） ························ 198

142. 翁氏粮山界（年代不详） ··· 200

143. 场公山界（年代不详） ··· 201

144. 已佚题刻·· 202

参考文献 ··· 203

后　记 ··· 205

上编

匾额　书画　题刻

1. 白云岩^①（南宋，宝庆三年，1227）

此摩崖石刻位于梅林湖畔虎尾山上，由一巨石覆盖形成天然石室，巨石正面方框内竖刻"白云岩"三字，正书阴刻，字径约60厘米。右款：蕉山岭于一二一三旌名岩继先立；左款：宋宝庆三年五月日进士薛洪鼎书。

该作品方峻有力、中宫收紧。近似欧体，而转折少棱角，多圆润。

薛洪鼎（生卒不详）　字汝器，伯肇公次子。南宋揭阳县凤陇村（今潮州市庵埠镇薛陇村）人，为薛氏二世祖。嘉定辛未（1211）科进士，学通《尚书》《三礼》，登而不仕，藏修于昔年读书处白云岩，别号云岩山人。"白云岩"三字为薛洪鼎于宝庆三年（1227）五月所书，是庵埠境内迄今发现年代最早的摩崖石刻。

---

① 白云岩：即宝庆寺，洞中石壁尚有古代浅浮雕弥勒佛一尊。据《海阳县志》载："中离山麓有宝庆寺，旁有石室祀文昌。"

2. 朱熹题刻（南宋，年份不详）

此题刻位于宝陇村林氏家庙二进大厅两边墙壁，原直接题写于墙面上，1985年重修时改为黑色瓷砖拼接。该作品尺幅巨大，画幅高250厘米，宽154厘米；字径高约175厘米，宽约125厘米，为庵埠境内迄今发现最大题刻。这幅题刻口传为明代吴殿邦所书，但经笔者比对，此四字与江西白鹿洞书院及福建多处朱熹所书"忠孝廉节"无异，疑为明代林熙春扩建家庙时从福建移刻，因林熙春曾官福建将乐县知县。

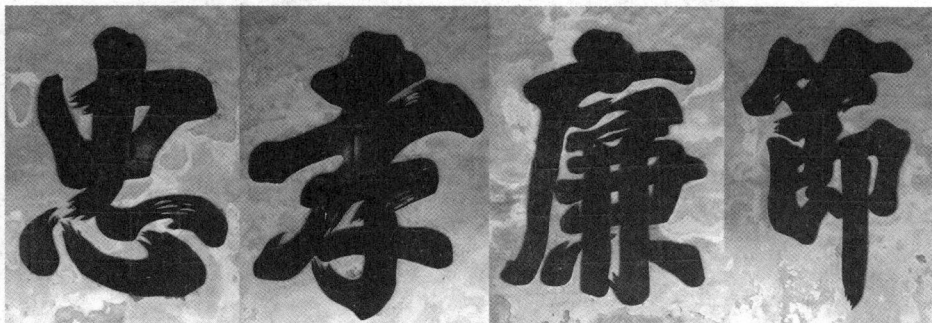

朱熹（1130—1200）　字元晦，又字仲晦，号晦庵，晚称晦翁，世称朱文公。祖籍徽州婺源县（今江西婺源县），出生于福建南剑州尤溪（今福建尤溪县）。南宋著名理学家，与"二程"（程颢、程颐）合称"程朱"，世尊称其为朱子。曾任江西南康知军、福建漳州知州、浙东茶盐提举公事，为官清正有为，振举书院建设。著有《四书章句集注》《太极图说解》《周易本义》《楚辞集注》等。

3. 中离洞（明，嘉靖五年，1526）

此摩崖石刻位于梅林湖畔虎尾山山麓一巨石之上，列"中离十八景"之一，山下曾有中离书院，为薛侃昔年读书处。字径约 50 厘米，正书阴刻，右款：皇明嘉靖五年；左款：进士薛侃立。该书字体饱满，笔画圆润，透着雍容儒雅之气。

薛侃（1486—1545）　字尚谦，号中离。明代揭阳县龙溪都凤陇（今庵埠镇薛陇村）人。正德五年（1510）举人，十二年（1517）进士，后即以侍养辞归，至赣州师事王阳明，并引领兄薛俊及众子侄同师王阳明，使王学盛行于岭南。归里，尽力提携后学，并议行乡约。后授行人司行人，时母卒归家守制。隐居中离山，日与士友讲习性命之学。

嘉靖五年（1526）辟中离洞。六年（1527）讲学于东莆都的宗山书院。七年（1528）升行人司司正。闻恩师王阳明卒，与欧阳德共主理后事。十年（1531）因受太常卿彭泽得、少傅张孚敬陷害下狱，抗争不屈，终削职为民。远游江浙，会晤同门于青原书院，至惠州居四年，游罗浮山，讲学于惠州西湖永福寺、东莞玉壶洞，广授门徒。嘉靖二十四年（1545）卒于家。著述有《云门录》《研几录》《图书质疑》等。府志有传。

　　民国四年（1915），揭阳曾习经广为搜集其传世文章，编印《薛中离先生全书》。近年，中山大学哲学博士陈椰编《薛侃集》，收集更为全面。

4. 报功祠（明，嘉靖二十四年，1545）

此匾为外文村报功祠门额，宽208厘米，高62厘米，厚11.5厘米，字径50厘米，石质阳刻，无署名款。右款：嘉靖乙巳海揭士民仝立；左款：乾隆戊午王月重修。字径5厘米，正书阴刻。现保存于杨氏家庙中。该书结体瘦长并斜飞，线条匀称遒韧，如折钗股，颇不俗。

报功祠　又称三都祠，原址位于外文村新埠头。嘉靖二十四年（乙巳年，1545）海阳县与揭阳县士民为纪念杨琠修筑南堤而建，历经明万历、清乾隆三年（戊午年，1738）、清同治九年（1870）重修。1911年因水灾受浸，翌年由杨文莩重塑杨琠泥像。祠中原有匾额：首进"回澜砥柱"，王守仁题、杨任斯重书；二进杨琠奏疏"请留公项筑堤疏"；三进"凤鸣高岗"，海瑞题；坐像上方"媲美禹功"，黄琮题、邹鎏书。1952年祠改为菜垄，祠中文物尽失，只剩石质门额。

杨琠（1464—1516）　字景瑞，号瑾庵。明代揭阳县龙溪都（今潮安庵埠镇）人。生于明天顺八年（1464），弘治八年（1495）举人，正德三年（1508）进士。历任南京山西道监察御史，按察苏州、常州、镇江、松江时，平反冤狱百余人。后以病告归，治学于家乡"柏台山房"，并致力于地方公益。时韩江水患不断，南堤屡修屡溃，于正德七年（1512）上《请留公项筑堤疏》，提议抽取部分湘子桥过往盐船税收作为修筑府城至庵埠南堤经费。获准，筑堤至南桂都时，未竟而卒。翌年葬于揭阳地都小龙山，嘉靖二十一年（1542）迁葬潮阳河溪山，湛若水为其撰墓铭。

杨琠师事新会陈白沙，并与王阳明多有学术往来。卒后，其子杨思元（王阳明弟子）持父遗著《庭训录》，请王阳明为之作序。

杨琠像

5. 张氏家庙（明，嘉靖二十九年，1550）

此匾为官路村张氏大宗祠门额，宽 210 厘米，高 55 厘米，石质阳刻。右款：嘉靖庚戌孟秋之吉乡进士文林郎永明县知县八世孙一言敬立；左款：赐进士出身资善大夫兵部尚书门下眷生东涯翁万达拜书。嘉靖庚戌即嘉靖二十九年（1550）。该作品字体丰腴，点划圆润，雍容大气，尽显一代名将驰骋沙场之风度。

翁万达（1498—1552） 字仁夫，号东涯，谥襄毅，亦作襄敏，明代揭阳县鮀江都（今汕头市鮀浦镇蓬州村）人。嘉靖五年（1526）进士，授户部主事，升郎中，出任梧州知府，四年后，政绩显著，擢升广西副使，平安南莫登庸之乱。二十三年（1544）擢升右副都御史，巡抚陕西，晋兵部右侍郎兼右佥都御史，总督宣府、大同、山西、保定军务。翁氏对军士赏罚分明，善安抚降者，并修筑边墙一千九百二十四里。后升兵部尚书兼右副都御史，召理部事，丁忧，归。三十一年（1552）病卒，葬于大埔县三河坝。

翁万达幼时曾就学于官路村贡生张松轩开办之私塾——"中士书斋"，并娶张氏之女为妻，即张一言之侄女。后张一言建大宗祠，翁万达题赠门额并署款"门下眷生"。

翁万达事亲至孝，好谈性命之学。为人刚介坦直，勇于任事，临阵身先士卒，善用将士。文通古今，下笔顷刻万言，著有《稽愆集》《平交纪略》等。府志有传。

6. "永思"冠首联（明，年份不详）

上联：永言为则；下联：思孝奉先。此联为官路村张氏家庙门联，高 198 厘米，宽 48 厘米，字径高 45 厘米，宽 37 厘米。无款，传为林大钦所书，原为灰塑，虽经近年复制重刊为石质，仍可见其字体瘦硬险峻，出入欧柳之间，近似林氏为吴一贯所书"大理寺少卿"坊额及"少卿第"门匾风格。

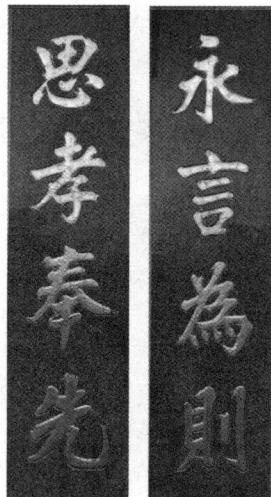

林大钦（1513—1545）　　字敬夫，海阳县东莆都仙都村（今潮州市金石镇仙三村）人，故号东莆先生。明嘉靖十年（1531）举人，十一年（1532）进士，赐状元及第，授翰林院修撰。以母老乞归，筑室华岩山，与乡众弟子讲贯六经，究性命之旨。与乡贤薛侃、翁万达多书札往来，探讨心性之学。十九年（1540）母逝，因哀伤过度，大病一场。二十四年（1545）葬母于桑浦山麓，归途中病卒，终年三十四岁。生前著作甚丰而未成书，清康熙五十五年（1716），其后人收罗其作品集结为《东莆先生文集》。林大钦长于书法却为文名所掩。府志有传。

7. 林氏家庙（明，万历二十七年，1599）

此匾为陇头林村林氏家庙门额，宽205厘米，高68厘米，石质阳刻。右款：赐进士及第少保太子太傅户部尚书武英殿太学士朱国祚题；左款：万历己亥季冬吉旦邑人夏宏书，阴刻。

该作品近赵孟頫，体正势圆，用笔一波三折，呈现雍容华贵之态。

夏宏　海阳（今潮安龙湖镇）人，字用德，号铭乾，清代隆庆四年（1570）举人，万历二十二年（1594）任诏安知县。建文祠，置义冢，恤贫穷，政策宽简。后罢官归乡授徒讲学，深究生命之义。擅长书法篆刻，著述甚丰，有《铭乾篆谱》《太极衍义》《浑天仪考》《五经字考》行世。府志有传。子，夏懋学，为海宁知县；孙，夏雨来，为潮汕民间传奇人物。

朱国祚（1559—1624）　字兆隆，号养淳，浙江秀水人，是清朝诗人朱彝尊的曾祖父。万历十一年（1583）状元，授修撰，历官礼部右侍郎、户部尚书兼武英殿大学士，加少保、太子太傅。明熹宗时，因不愿卷入党争，连上十三道疏请求致仕，才获准回乡。翌年去世，赠太傅，谥"文恪"。

8. 忠宣公为太仆寺少卿诰封敕文（明，天启元年，1621）

此木匾挂于宝陇村林氏家庙。匾宽 5.9 米，高 1.26 米，边厚 6 厘米，木质阳刻。制书颁于 1621 年，为明代原物，保存完整，为珍贵文物。（标题后加）

奉天承运

皇帝制曰：诗称访落，期于佛我仔肩；书命仆臣，要在弼后懿宪。所赖左右前后，以匡不及；载睹骈骆骈骐，而思斯才。惟倚重于忠贞，乃提休于渊塞。尔太仆寺少卿林熙春，道洁秋霜，文含夏采。名场颉颃，早飞舄于花封，政绩骞翔，遂补充于梧掖。单父擅循良之誉，王褒真侍从之臣。阔于四垣，咸有一德。当治河之奏绩，每补牍以宣猷。去国身轻丹心，避人焚草归田。致适素采，励志伐檀。二十载岩栖，七尺岳峙。烈火方炽，知圭璋之更寒；积雪犹凝，见竹柏之逾翠。使人皆尔恬寂，有何爵禄之可縻；乃天欲世治安，宜使功名之顿盛。起以大官之署，汝作和羹；晋而围政之司，官惟数马。行部体恤，备悉民艰，报政咨诹，允符士论。如顷奴横氛恶，所在将怯兵骄。非赖文告之敷词，谁奠鼓噪于指顾。惟老臣之纡国恤，宜渥赉以旌汝劳。况值庆覃，尤先沾被。是用授汝阶中宪大夫，锡之诰命。于乎！懋德交修，伯炯所以慎简；秉心蓄息，文公所以中兴。即驶牝三千所从来，总名世五百为承弼。计当陟明于在迩，尚益熙载于无疆。

制曰：士重始配，善俪德之有齐，女遇元夫，必交互而协吉。时不计乎久近，宠何间於存亡。尔太仆寺少卿林熙春妻赠宜人陈氏，儒门毓懿，女士翘英。吉叶桃黉，炳坤贞于兵燹倥偬之会；芳留芝检，膺晋锡于丘山长寝之余。梁筍如存，佩环俨昨。尔夫忠存赤社，秩蔚清卿，眷惟炯伯之弘猷，追悼缟綦之遗范。可无新渥以慰幽思，是用加赠尔为恭人。三锡恩荣，马鬣松楸吐气；千秋闻播，女箴纶綍生光。

制曰：夫配匹之际，岂非天；而先后之间，必以德。乃有鸾胶既续，式效机杼之勤；燕婉攸宜，肇启振绳之庆。生而称乎有相，没岂斩乎殊休。尔太仆寺少卿林熙春继室赠宜人曾氏，德宪图书，言成箴戒，俭勤克修闺政，敬恭丕赞官常。雷甸锁垣，几相将于占星视夜；茅轩旖壁，每致恪于夕膳朝饔。风雨不辍，其音心真如结；琴瑟虽离，于御韵则犹存。嘉舄奕之勋猷，溯闺阃之酝酿。是用加赠尔为恭人。余芬未歇，叠承芝检之荣；新渥有加，允副葛覃之德。

制曰：凡人臣以继耦之贤，祇和鸣之福。当逢国庆，并浴恩波。矧以不茹不吐之纯臣，偕执箦执翻之淑女，周旋偕隐，遭际汇征。斯朕所为施诰四方，正尔所宜蒙休一室也。尔太仆寺少卿林熙春继室封宜人周氏，克娴内则，素柔女贞。怡惋承尊，洁筐筥于中馈；俭勤砥节，恓倡和于考槃。德可嗣徽，时当履贵。奉弓旌之命，快睹纶宣；进仆正之司，宜膺黼佩。并沐云霄之宠，同依日月之光。是用加封尔为恭人。舄奕清卿，环警推乎内德；辉煌命妇，綍出贲于新章。

敕命　　天启元年正月十二日　　之宝

该匾主要表彰了林熙春三位夫人勤俭克修、仁慧敏毓的精神，并被敕封为诰命夫人。从中可见古代一人仕途得意而荫及众人的事实。

林熙春　详见"世德流芳（二）"篇。

9. 岭海文明（明，天启六年，1626）

此匾为文祠牌坊门额，正面"岭海文明"，篆书阴刻；背面"龙翔凤跃"，楷书阴刻，质地为青石，皆无款识。该书线条均匀，严整而内敛。

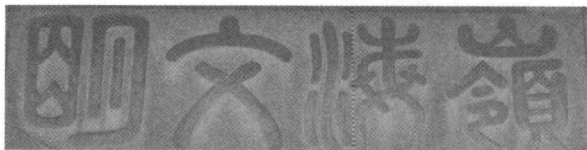

文祠　位于官里村，明天启六年（1626）由林熙春倡建，为三进建筑。首进为石质牌坊门，门额正面"岭海文明"，背面"龙翔凤跃"，左间"总督两广兵部左侍郎商周祚、巡按广东监察御史晏春鸣、广东布政司左布政汪起凤、广东按察司按察使潘润民、广东布政司岭东道参议李芬、广东按察司兵巡道参议胡其俊"；右间"中宪大夫潮州府知府李栻、奉政大夫海防同知莫天麟、承直郎督捕通判林朝铭、文林郎潮州推官万元吉、文林郎海阳县知县黄文焕，天启六年丙寅秋吉旦立"。中祀文昌帝君与孔子。后进为双檐四垂屋顶，原有藻井已被拆毁，梁间所保存木雕为潮州明代木雕之代表。1987 年列为潮州市重点文物保护单位。

商周祚　字明兼，号等轩，浙江绍兴会稽人。万历二十五年（1597）举人，万历二十九年（1601）进士，授邵武县令，累官太仆寺少卿，四十八年（1620）擢都察院右佥都御史，巡抚福建，不征民间一钱，擒斩剧盗，抗击倭寇侵扰，闽人为之立祠。天启五年（1625）为兵部右侍郎，总督两广。翌年升兵部尚书，以母年老，请告归养。崇祯十年（1637），以都察院右佥都御史重新起用，掌院事。由于刚正不阿，屡违圣意而丢职归里，著有《国朝武机捷录》。

　　晏春鸣　见"海邦正气"篇。

　　汪起凤　字来虞，江南吴县（今江苏苏州）人。万历二十九年（1601）进士，翌年授揭阳县令，天启四年（1624）以治绩升任广东布政使。后擢浙江巡抚，被魏党诬告而罢职。崇祯初以原衔起用，卒于官，祀名宦。在揭阳任职期间，重修学官、文昌祠、县署牧爱堂，浚榕城三滘之水，修桥筑路，清粮审役。万历三十年（1602），捐出自己俸银，协助乡善重建深浦桥，方便西部两都群众往来县城。汪起凤离任后，揭阳士民为其在榕城建汪侯祠，周光镐为撰《汪侯祠记》，林熙春有《贺来虞汪公得民获上序》，称许其政绩。

　　潘润民　贵州卫（今贵州贵阳）人。万历三十五年（1607）进士，改翰林庶吉士，授礼部主事，历官礼部郎中、广东督粮道副使、摄布政使事、四川布政司参政。天启四年（1624）秋又诏起用，任河南参政，分守河南道。后升广东按察使、云南右布政使，两年后晋左布政使，兼备兵曲靖；崇祯十四年（1641）卒于任上，终年七十岁。

　　李芬　江西临川人，万历四十四年（1616）进士。天启七年（1627）九月以广东参议为本省按察司副使。

　　胡其俊　字朴生，湖广孝感县（今湖北省孝感市）人。万历四十三年（1615）举人，万历四十四年（1616）进士。万历四十八年（1620）任顺天府固安县知县。天启七年（1627），升广东参议为福建副使。崇祯时官至潼关道副使。

　　李杜　字克俨，号怀蓝，福建安溪人。万历四十一年（1613）进士，初授刑曹，多平冤案。后升维阳县知县，治漕理盐体恤百姓。丁艰后，补潮阳知县，后升为云南按察使，负责督饷军务，卒于任上。著有《趋对易说》《武书撮要》。

　　莫天麟　字瑞明，贵州贵阳人。万历三十一年（1603）举人。历官阳寿县知县，禹州知州、潮州府同知。工吟咏，与同郡潘润民、杨师孔齐名。

　　林朝铭　福建漳浦人，明任子（因父兄的功绩，得保任授予官职），官潮州通判。

　　万元吉（1603—1646）　字吉人，南昌人，明末诗人。明天启五年（1625）进士，历任州府推官。后任南京职方主事，进郎中。明朝灭亡后，福王擢升万元吉为太仆少卿，指挥抗清斗争。翌年，清军攻占南京，福王被俘。唐王授万元吉兵部右侍郎兼右副都御史，总督江西、湖广诸军。隆武二年（1646）万元吉由吉安入赣州时加兵部尚书，后赣州被清军攻陷投水而死。擅诗文，著有《墨山草堂诗文集》《燕游记》《寓永集》等。

　　黄文焕（1598—1667）　字维章，号坤五，又号觚庵、恕斋，永福（今福建省永泰县）人，天启乙丑（1625）进士，明末诗人、学者、名宦。历任海阳、番禺、山阳县知县，颇有政绩。官至翰林院编修、左春坊左中允。曾与黄道周、叶廷秀登台讲学，著有《陶诗析义》四卷。

10. 崧岳贻燕① （明，崇祯十五年，1642）

此匾原为文里村谢氏宗祠坊额，后祠塌毁，现嵌于谢氏宗祠前围墙。宽180厘米，高50厘米，字径36厘米，正书阳刻。款识：龙飞崇祯壬午岁建。正书阴刻。崇祯壬午岁即崇祯十五年（1642）。

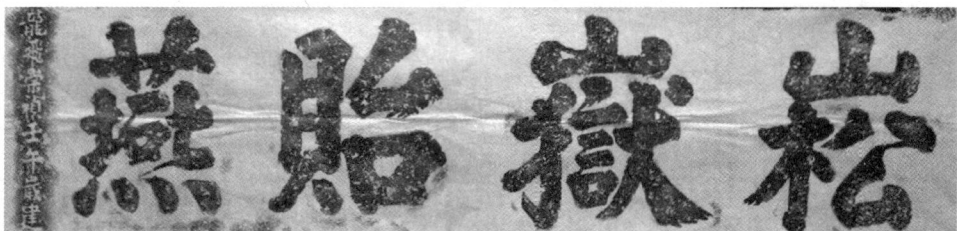

---

① 崧岳贻燕：崧岳出自《诗经·大雅·崧高》，旧说为尹吉甫赞美周宣王之作，诗中有"崧高维岳，骏极于天"之句。后因以"崧岳"为褒美别人之词。贻燕：贻，遗留；燕，安乐。《诗经·大雅·文王有声》："诒厥孙谋，以燕翼子。"比喻为后世子孙留下安乐稳定的根基。

11. 谢氏宗祠（明，年份不详）

此匾原为文里村谢氏宗祠门额，民国十一年（1922）"八二"风灾，祠堂倒塌，石质门额也一断为二。后经修复，现嵌于祠前围墙。匾宽 210 厘米，高 62 厘米，字径约 40 厘米，正书阳文。款识：陈子壮书。钤印：陈子壮印、宗伯学士。阴刻。

此作品线条质朴，结体疏朗，充满温文尔雅之气。

陈子壮（1596—1647）　字集生，号秋涛。广东南海县沙贝村人。明代万历四十七年（1619）进士，中一甲第三名（探花），授翰林院编修。天启四年（1624）因影射魏忠贤而撤职回乡。在广州期间重振岭南诗坛，被誉为"南园十二子"之一。后复官至礼部右侍郎。明亡后，参与反清复明活动被捕，在广州被施以锯刑。著有《昭代经济学》十四卷。

12. 世德流芳（一）（明，年份不详）

此匾为潘陇村大宗祠门额背后题刻，宽192厘米，高65厘米，石质阳刻。右款：赐进士出身中宪大夫知潮州府事叶元玉为；左款：教授潘奉裔孙——王府司讲潘足倚、南京同知松江府事潘如愚、福州通判护理府篆潘文明、莘县知县潘惟文立。款识阴刻。

该作品笔画刚劲有力，峻峭沉着，力撑八面。门额正面的题刻"潘氏家庙"也应是叶氏所书，两者风格一致无二。

叶元玉　字迁玺，号古崖，汀州清流县城关人，明成化十七年（1481）进士，授户部侍郎，工诗。弘治十三年（1500）任潮州知府，守潮六年，"善者彰而恶者瘅，利者兴而弊者革，而于礼之事尤所加意"。叶元玉才华横溢，不论当官为民，都勤奋笔耕，常与好友李梦阳相唱和，大多为忧国忧民之诗。著有《古崖集》传世。

潘文明　字朝选，明代揭阳县龙溪都（今潮安庵埠镇潘陇村）人。弘治甲子科（1504）乡试第一名，授玉山县令，有政绩。后转漳州通判，公正廉明，民无冤案。有死囚越狱，遍杀官吏，独相告勿犯潘府。后归里，多行义举，深受乡人尊重，祀乡贤。府志有传。

其他人资料不详，待考。

13. 百里侯^①第题名（明，年份不详）

官路村"百里侯第"为明代湖广永明县（今湖南省江永县）知县张一言故居，经历代改建，现只剩首进门楼。此题刻为其门额两边众达官显贵题名，每幅宽106厘米，高72厘米，字径4~10厘米不等，灰塑阴刻。款识"民国□□重修"及钤印，因已为油彩覆盖而难辨，这些字迹应为民国重修府第时复制重刊刻的。

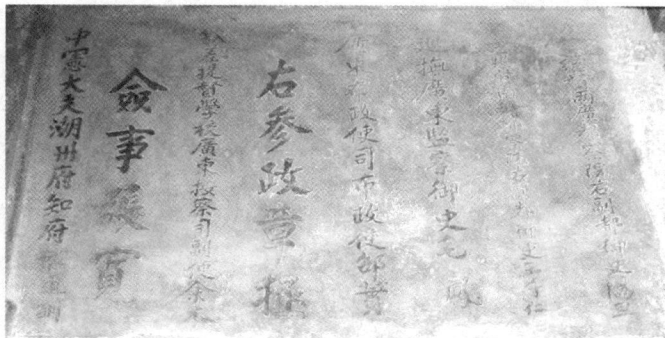

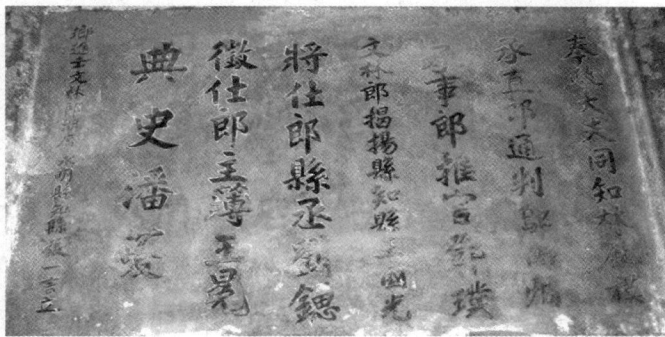

钦差总督两广都察院右副都御史杨旦
钦差提督南赣都察院右副都御史王守仁
巡抚广东监察院御史毛凤
广东布政使司布政使邵蕡
右参政章拯
钦差提督学校广东按察司副使余本
佥事张宽
中宪大夫潮州府知府黎道训
奉政大夫同知林庭模

---

① 百里侯：县级最高行政长官，旧称县令、知县，今称县长。

承直郎通判邬尚炯
承事郎推官邓璞
文林郎揭阳县知县王国光
将仕郎县丞刘锶
征仕郎主簿王冕
典史潘夔

乡进士文林郎湖广永明县知县张一言立
民国二十年辛未春月重修

张一言　庵埠官路村人，明正德丙子科（1516）举人，官至永明县县令。

杨旦　字晋叔，建安人。弘治年间进士，历官太常卿，因忤逆宦官刘瑾，迁知温州府，稍迁浙江提学副使。刘瑾诛后，累擢升户部侍郎，右副都御史，总督两广军务，讨平番禺、清远、河源诸瑶，嘉靖初升南京吏部尚书，年七十余卒。

王守仁（1472—1529）　字伯安，浙江余姚人。曾于阳明洞修学，世称阳明先生。为明代著名哲学家、政治家、军事家，继朱熹后的一代大儒，官至南京兵部尚书、南京都察院左都御史，因平定宸濠之乱等军功而封新建侯，隆庆年间追封爵。封先儒，奉祀孔庙东庑第58位。

毛凤　正德三年（1508）进士，浙江会稽（今绍兴）人，曾任麻城、永定知县，后任巡抚广东监察院御史。

章拯（1479—1548）　字以道，号朴庵，浙江兰溪人。弘治十五年（1502）进士，授工部主事，忤刘瑾，谪抚州通判，刘瑾诛，擢南京兵部郎中，嘉靖年间官至工部尚书。嘉靖九年（1530）因郊坛祭器缺供，削职而归。嘉靖二十七年（1548）卒，赠太子少保，谥恭惠，著有《朴庵文集》。

余本（1480—1529）　字子华，号南湖，浙江鄞县人。正德五年（1510）举人，正德六年（1511）进士，授翰林院编修，历官广东提学副使、山东督学等。生而英迈卓异，立志不群，自五经以至子史百家无不潜心精读。性格刚直，为官不避权势，侍母辛勤，居家清贫。著有《易经集解》《皇极释义》《礼记拾遗》《周礼考误》《春秋传义》《孝经刊误》等。

张宽　弘治乙丑科（1505）进士，官至广东佥事。

黎道训　字孝若，号漠门。湖广京山（今湖北京山）人。嘉靖二十六年（1547）进士。授南京户部主事，官知潮州，调松江，所至有廉绩，擢云南副使，卒于官。

林庭模　字利正，弘治十一年（1498）举人，官至潮州府同知。有诗名，长于乐府，不徇流俗。

王国光　江西永丰人，正德九年（1514）进士，授揭阳县令，后以政绩升兵部主事。

王冕　字服周，洛阳人，正德十二年（1517）进士。任万安县知县，适宁王朱宸濠反，他募得壮士数千人，从王守仁攻复南昌。宁王还救，两军在鄱阳湖相拒，宁王处于优势，王冕献密计于王守仁，以小艇就贼船，乘风势而举火，宁王大惊，易舟欲逃，追而收捕。平叛毕，王守仁封为新建侯，经向朝廷申报其功，王冕被擢升为兵部主事。

14. 东岩（明，年份不详）

此摩崖石刻位于薛陇村亭脚山麓一巨石上，相传为薛侨读书处，亦称"一真岩"，为中离山十八景之一。字径宽约 44 厘米，高约 62 厘米，楷书阴刻。款识：进士薛侨书（题于右侧，较为特殊）。该作品线条刚劲，字形瘦长且中间大两头小，寓端正于险峻。

薛侨（1500—1564）　字尚迁，号竹居先生。揭阳县龙溪都凤陇（今潮安庵埠镇薛陇村）人。明嘉靖癸未科（1523）进士，历任工部主事，武选司郎中，右春坊司直兼翰林院检讨。早年与兄薛侃、薛俊同往赣州师事王阳明，后归，集众潮士设立一真会所，宣扬阳明学。自书其读书处曰"东岩"，著有《一真语录》《竹居文集》。

15. 正气正学（明，年份不详）

此匾为薛陇村薛氏宗祠门额背后题刻。匾宽210厘米，高69厘米。题刻正文字径高40厘米，宽20厘米，篆书阴刻。右边为楷书"正气正学"，字径6厘米；左款"后学夏宏题"字径6厘米，楷书阴刻。该作品近李阳冰，严整端庄，平而不板，有参差错落之妙。

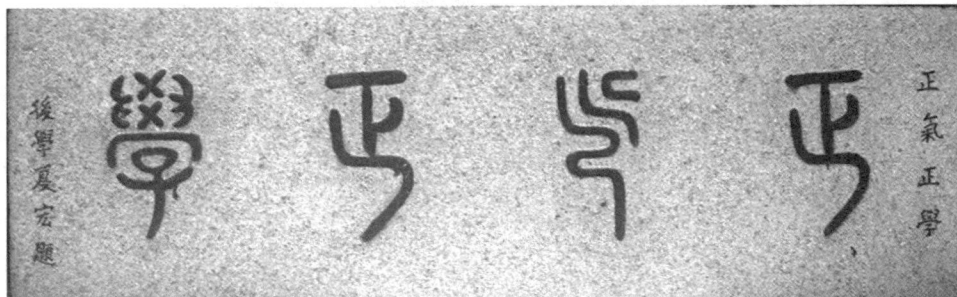

薛侃于明正德十二年（1517）考中进士后，以侍亲为由辞归，至赣州师事王阳明四年。归家后又率家兄薛俊、侄儿薛宗铠投奔王阳明门下，自此王学盛行于岭南。"正气正学"应是盛赞薛侃所传之心学为圣贤正学，又一身凛然正气。

夏宏　见"林氏家庙"篇。

16. 进士（明，年份不详）

此匾为薛陇村薛守经故居门额，宽182厘米，高52厘米，字径约50厘米，石质浅浮雕。该作品珠圆玉润，毫无棱角，倒也憨态可人。

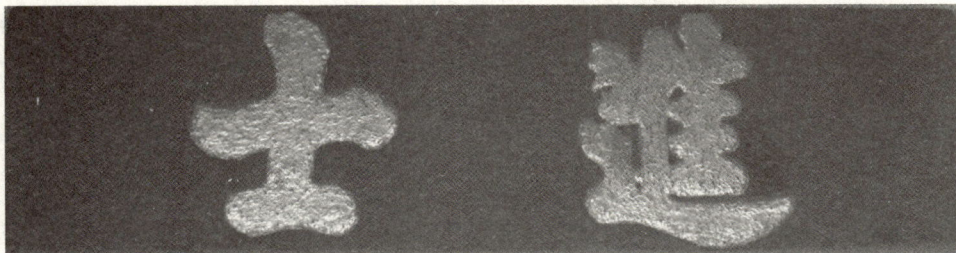

薛守经（1533—1559）　字子权，号绣溪。明代揭阳县龙溪都（今潮安庵埠）人。天资颖悟，经史过目成诵，文章高华风逸，顷刻立就。为人岸然自异，超脱不拘，督学林石洲称其负气不群。十六岁补邑学生，年二十领乡荐（中举人），嘉靖三十五年（1556）中进士，授工部主事，同年与薛侨联修族谱。嘉靖三十八年（1559）卒，年仅二十七岁。

17. 庄氏家庙（明，年份不详）

此匾为庄陇村庄氏家庙门额，宽210厘米，高65厘米，石质阳刻。款识：裔孙户部右侍郎国祯书。钤印：□□。该作品丰满圆浑，看似软绵绵，实则绵里藏针，气宇轩昂。

　　庄国祯（1527—1604）　字君祉，号阳山，福建晋江县青阳人。嘉靖壬戌科（1562）进士，历任广东按察使，云南、江西布政使，后晋升南京刑部侍郎，转北京户部左侍郎。逝世后皇帝钦赐祭葬，赠封其三代为布政使，成为当地佳话。次子庄懋华，曾任湖广布政使等职，因而有"书香门第，四代二品"之美称。庄国祯才华横溢，为官清正廉明，深受民众爱戴和朝官钦佩。著有《阳山集》。

　　另，揭阳双峰寺附近"庄氏家庙"门额与此一模一样，款识却为"海阳吴殿邦书"，并钤印"尚宝卿玺"，甚奇，存以待考。

18. 锦绣、桃源^①冠首联（明，年份不详）

此联为庄陇村庄氏家庙后厅柱联，石质阴刻，高365厘米，字径约15厘米。联文：锦绣恩浓御墨自明溯宋宠贲千秋频惹御香依玉阙，桃源瑞霭春光分晋入潮本支百世共道春色满青阳^②。款识：十四世孙际昌顿首拜书。钤印：□□□□、会艽。

该作品字形介于楷隶，间以行书笔法，结体方扁，笔法灵动，章法参差而不呆滞。

庄际昌（1577—1629）字景说，号羹若，初名梦岳，应试时改际昌。万历四十三年（1615）中进士。会试、殿试皆第一，是明代唯一连中会元、状元的福建人。因考卷卷面有刮补被指摘，遂不授职回乡。天启元年（1621）补授翰林院修撰，天启三年（1623）任经筵展书。崇祯元年（1628）起用为右谕德，后提升为春坊左庶子，兼翰林院侍读。崇祯二年（1629）病逝。

庄际昌文思敏捷，为文立就，字劲道，不喜摹帖，所游之处皆有吟咏题刻，著有《羹若文集》《霞栖藏稿》。

---

① 锦绣、桃源：锦绣指庄夏，南京福建永春县人。官尚书，赠少师，三朝元老。相传宋帝闻知庄夏祖父庄观所葬山叫鬼笑山（亦称鬼叫山、鬼岫山），认为山名不雅，故御笔亲题"锦绣山"赐之，庄氏后人遂改堂号为"锦绣堂"。桃源：唐代庄森官至黄门都监，后迁入闽，定居永春县桃源里，后人故认桃源里为福建庄氏创基地。

② 青阳：福建永春庄佑孙，字古山，官廷署，初从少师庄夏迁泉州东门，后见青阳山水之胜，遂迁而居之，为青阳庄氏始祖。偕五子庄公从入潮觅创业之迹，卜居揭阳县龙溪都（今潮安庵埠镇），后庄佑孙回福建青阳，庄公从遂为今庵埠庄陇乡始祖。

19. 世德恩光坊题刻（明，年份不详）

此题刻为宝陇村林氏家庙坊门题刻，具体修建时间不详，疑为林熙春天启五年（1625）续建家庙时所建。坊为四柱三间结构，坊额：世德恩光；左额：纶褒硕儒；右额：青琐直臣。背面镌刻鹤、鹿、松等吉祥图案。

坊额"世德恩光"四字为青石阴刻，现有匾额为1985年重修。有残匾存于祠堂后巷，也不是明代原刻，正面残存楷书"恩光"二字；匾后残存以隶书所写"善心"，旁有"少梅仝立"字样，据说原匾为日军炮弹炸落，后林少梅（宝陇村人，民国时期曾任饶平、南澳县长）曾进行重修，可能"文革"时期又遭毁坏。

左额"纶褒硕儒"四字为青石阴刻，宽125厘米，高42厘米。右款：钦差总督两广太子太保兵部尚书戴耀为；左款：敕封文林郎延平府将乐县知县林乔楷立。

右额"青琐直臣"四字为青石阴刻，宽 125 厘米，高 42 厘米。右款：钦差总督两广兵部右侍郎张鸣冈为；左款：工科都给事中林熙春立。此匾为 1985 年修祠时依旧匾字迹重刻，残匾现存祠堂后巷中。

戴耀（1542—1628）　字德辉，号凤岐，福建长泰人。幼入乡塾，不与同龄人嬉戏，时负笈田间，读书树荫下。隆庆元年（1567）举人，次年中第三甲 86 名进士。历任新建县令、户部主事、四川副使、江西参政、陕西布政使、都察院右副都御史（巡抚粤西）、右佥都御史（总督两广）等。任上修孔庙、兴水利、平叛乱，政绩斐然。崇祯元年（1628）正衣冠，危坐而逝，祀乡贤。（摘自《岭南学报》黄仲琴《明两广总督戴耀传》）

林乔橓　为林熙春之父，因子而封赠将乐县知县，赠太常寺卿，祀乡贤。其故居（俗称"大厝内"）尚存，毗邻林氏家庙左巷，为县级文物保护单位。

张鸣冈（1535—1616）　江西南安（今江西赣州市大余县）人。万历八年（1580）进士，官御史，因疏劾中官专权，贬为广德州判官。万历三十八年至四十二年（1614）以兵部右侍郎、右佥都御史兼任两广总督，力抑税监，为民请命。并上疏加强澳门军事防范。后任南京刑部尚书，万历四十四年（1616）卒。

林熙春　详见"世德流芳（二）"。

20. 海邦正气（明，年份不详）

此匾现挂于宝陇村"林氏家庙"后厅廊下，宽约230厘米，高约80厘米，木质阳刻。右款：巡按广东监察御史晏春鸣为；左款：户部侍郎林熙春立。该作品学自颜鲁公，雍容端庄，大气磅礴而不失静穆之气。

晏春鸣　四川重庆府合州铜梁县（今重庆市铜梁区）人，万历四十一年（1613）进士。天启元年（1621），选试御史，同年六月，授广东道监察御史。天启七年（1627），上奏请求对广东税制改革，以解决辽东兵饷。崇祯元年（1628），免除职位。崇祯二年（1629），升任山西副使。同年四月，崇祯帝和内阁调查天启七年（1627）宁锦之战后冒功的阉党人员，晏春鸣被免除加衔。崇祯三年（1630），升任为陕西右参政（从三品）。官至太仆寺卿。

21. 世德流芳（二）（明，年份不详）

此匾为梅溪村洪氏家庙牌坊正面坊额，宽 137 厘米，高 46 厘米，字径约 30 厘米，阳刻。左款：赐进士出身通议大夫户部左侍郎林熙春题，阴刻。该书重心偏高，犹如高山坠石，给人以险峻之感，脱俗不凡。

另，宝陇村仁和庙门联为"公老矣一统山河在握，神灵哉四时民物皆春"。门联高 100 厘米，宽 17 厘米，字径高约 12 厘米，宽约 10 厘米，阴刻无款，据说为林熙春指书。该作品点划圆润，字体高古奇屈，与众不同。

林熙春（1552—1631）　字志和，号仰晋。明代海阳县龙溪都（今潮安庵埠镇宝陇村）人，万历十年（1582）举人，十六年（1588）进士。历任巴陵县令、将乐县令、户部给事中、太仆寺卿、太常寺卿、大理寺卿等。

晚年归梓，居府城下东平路"城南书庄"，藏书甚丰。并致力于有益桑梓之事，先后倡建凤凰台、三元塔，重修玉简塔、文庙，浚中离溪等；在乡里则浚通十八曲溪、倡建文祠、文阁、凌云楼以培养学子。崇祯四年（1631）卒，谥忠宣，赠三世尚书。

著有《赐闲草》《赐问草》《城南书庄草》《掖垣疏草》等。府志有传。

22. 孝思维则^①（明，年份不详）

此匾为梅溪村洪氏家庙牌坊门额后题刻，宽135厘米，高54厘米，字径高约35厘米，宽约25厘米。书体为行楷，阴刻。款识"眷生黄琮书"，正书阴刻。此书结体修长，笔画丰润，沉稳大气。

另，坊门背面柱联也应为黄琮所书，联曰："瓜瓞绵绵祖有德宗有功燉煌^②家声自昔，云仍滚滚志善继事善述梅桂福泽推崇"。对联外形成幡状，上有荷叶覆顶，下有莲座承托。

黄琮　号玉田，饶平宣化都（今饶平大埕镇上黄村）人，系尚书黄锦之弟。万历二十六年（1598）进士，历任饶州知府、临江知府、云南督学、福建布政使。有治绩，后归梓定居于潮州府城，倡建东津堤。

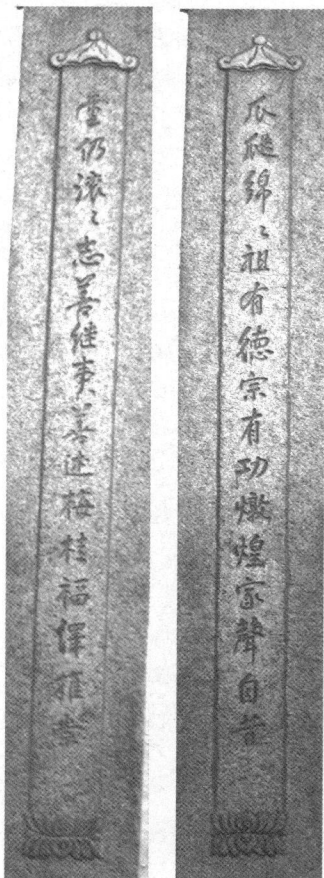

---

① 孝思维则：出自《诗经·大雅·下武》"永言孝思，孝思维则"，意为孝敬父母。
② 燉煌：即敦煌，为洪氏郡望。

23. 洪氏家庙（明，年份不详）

　　此匾为梅溪村洪氏家庙门额，宽205厘米，高50厘米，字径高44厘米，正书阳刻。款识"夏懋学书"，字径7厘米，正书阴刻。字体方正沉厚，中宫收紧，笔画重起重收，透着一股肃穆庄严之气。

　　夏懋学　字力庸，海阳塘湖（今潮安龙湖）人。自幼聪颖，行文深奥。万历三十一年（1603）举人，四十七年（1619）进士。由海宁知县升顺天府知事，因反对魏忠贤而险遭不测，后升顺天府推官，襄助德陵工事，特升户部郎中。归梓，闻甲申国变，痛哭而卒，祀乡贤。府志有传。

24. 梅桂春秋（明，年份不详）

此匾为梅溪村洪氏家庙门额背后题刻，宽205厘米，高50厘米，字径约35厘米，正书阳刻。款识"中宪大夫云南提刑按察司副使张凤翼赠"，字径5厘米，正书阴刻。该作品近于欧体，起讫分明，中宫紧凑，有险劲峻拔之气。

另，汕头蓬州有其"天宠褒封"题刻，字体风格与此大异。

张凤翼　字元辉，号惺初，明代澄海冠山人。父志可，以选贡授罗城知县，凤翼少随宦游，有家学。万历十年（1582）举人，由学博转国子监，历升刑部郎中。奉命恤刑粤西，平反大狱，粤西人感其德，后升云南提刑按察司副使。赋性孝友，分家产与弟，自甘贫落，逝后几不能具棺椁。其文辞雅丽，工于骈文，有《四六启集》行世，卒年八十，祀乡贤。

25. 曾家祠道（明，年份不详）

此题刻为梅溪村曾厝巷明代坊门额，宽 135 厘米，高 68 厘米。石质阳文。匾后阴刻"武城世族"四字。前后均无款，书者一说吴殿邦，一说郭敬贤。郭氏书迹尚未发现，无可比对；吴氏书法结体险峻，用笔老辣。此书中锋用笔，宛转流畅，飘逸灵动与吴书颇异，但吴氏书风多变，具体有待考证。

郭敬贤　字桂溪，庵埠梅溪村人。明嘉靖二十五年（1546）举人，三十二年（1553）进士，选为庶吉士。敢于直言时政，忤严嵩而降为通州通判。后升工科给事中，累官至礼部给事中。卒于任上，祀乡贤。府志有传。

吴殿邦　见"吴氏家庙"篇。

26. 吴氏家庙（明，年份不详）

此匾为广潞吴村大宗祠匾额。祠初建于明末，三进二天井格局，清末民国改建为两进一天井格局。门额现为白灰所覆盖，据村中耆老所述应为吴殿邦所书"吴氏家庙"（书中照片系拍自别村吴氏所书匾额），无款。另祠中一进原挂有"见位闻声"木匾，落款"吴殿邦"，已佚。

吴殿邦　字尔达，号海日，明代海阳（今潮州枫溪）人。明万历四十年（1612）解元，翌年中进士。历官通政司参议、尚宝卿。吴殿邦博学多才，能文善书，又工辞赋。自幼喜书法，遍摹历代名家碑帖，尤擅榜书，用笔挥洒自如，铁笔银钩，苍劲有力，书法成就巨大，名噪古今，乃潮汕书法史上一座丰碑。著有《古欢堂集》《匏谷诗集》等。府志有传。

27. 第高声旧（明，年份不详）

此匾为潘陇村红门楼门额，该第创建于明代，因门楼四壁皆饰朱红色，而得名"红门楼"。据其后裔介绍，门楼以前所挂灯笼书"州司马"，该门楼主人与村中另一府第"州佐第"主人为兄弟俩。此匾宽148厘米，高40厘米，灰塑阴刻。款识：侄鼎文赠书。

鼎文　资料不详，待考。

28. 飞凤岭石刻群（明，年份不详）

飞凤岭位于梅林湖畔，景色优美，奇石遍布，山下有名泉"叮当浪"，山中有宋代薛氏四世祖隐士公墓及明清历代祖墓。沿山脊一路有"蟠龙益""凤岭墓阃""四世祖隐士薛公墓道""丹谷飞翔"等题刻，岭巅则有"天山海涛""晶字岩"等摩崖石刻，为桑浦山一胜景。

"蟠龙益"刻于山脚下一大石上，楷书阴刻。石下有一泉名曰"叮当浪"，常年不竭，甘甜清冽，民间称为"龙涎"。

"天山海涛"位于薛陇山竹仔坑岭巅，横排，正书阴刻，宽135厘米，高35厘米，字径约20厘米。款识"薛烓利晶甫立"，竖排阴刻。薛烓利，字晶甫，号慎自，明代邑增生。精于书法，曾为薛氏宗祠、心田公祠书写碑文，与揭阳罗万杰、龙湖夏懋学友善。

"晶字岩"在"天山海涛"右，竖排阴刻，字径高约75厘米，宽约20厘米，无款。

"凤岭墓阃"横排，正书阴刻，宽160厘米，高45厘米，款识模糊难辨。

29. 隐士薛公墓道碑（明，年份不详）

此碑刻于飞凤岭路旁一大石上，高300厘米，宽105厘米。中竖刻：宋四世祖隐士薛公墓道；右刻：赐进士第工部主事十一世孙守经立；左刻：乡进士拣选知县十六世孙光宠重刊。碑文阴刻并雕刻有柜脚。此碑为薛氏四世祖薛隐士墓道碑，墓在飞凤岭上，尚保存完整。

薛隐士　讳恬，字佳遁。揭阳县龙溪都（今潮安庵埠镇）人，为南宋凤陇薛氏三世祖绍创公长子，沉迈有潜德，为人忠厚，与其弟凤岗公薛恂共恢先猷，田产池塘，日以广阔，子孙繁衍，都人因其姓氏其里曰薛陇。

薛守经　见"进士"篇。

薛光宠　待考。

30. 丹谷飞翔（明，年份不详）

  此摩崖石刻位于梅林湖畔飞凤山岭脊一立石上，该石据说为飞凤山凤冠。横排正书，阴刻，款识风化难辨。该作品结体疏朗，字体端庄，一派气定神闲之态。

  笔者疑此即中离十八景之西岩。明代监察御史季本有《中离山十八景》诗传世，其中《西岩》诗曰："丹崖翠壁耸岩扉，荒草疏枫映夕晖。久住高人忘水石，相将鹿豕日同归。"

31. 素轩公祠题刻（一）（明、清，年份不详）

刻文一：

春色鸟声高，呼来就碧桃。翠翘他自散，锦瑟美能操。

过雨萦花坼，闲阴护酒槽。谁怜京瑶梦，虚度五陵豪。

款识：陈子壮。钤印：子壮、太史氏。此题刻高 267 厘米，宽 44 厘米。石质阴刻。此诗不知何人所作。

刻文二：

禁漏参差夜未央，宫槐摇晓色苍苍。殷勤一点东华日，先到红鸾影扇傍。

钦安殿前修竹园，百尺琅玕护紫垣。夜夜月明摇凤尾，年年春雨长龙荪。

款识：乙丑蒲月桐山廷玉。钤印：大学士章、桐山廷玉。此题刻高 267 厘米，宽 44 厘米。石质阴刻。此诗不知何人所作。

陈子壮　资料详见"谢氏宗祠"篇。

张廷玉（1672—1755）　字衡臣，号研斋。安徽桐城人，清朝保和殿大学士、军机大臣、太保，封三等伯、三朝元老，居官五十年。先后纂《康熙字典》《雍正实录》，并任《明史》《清会典》总纂官。

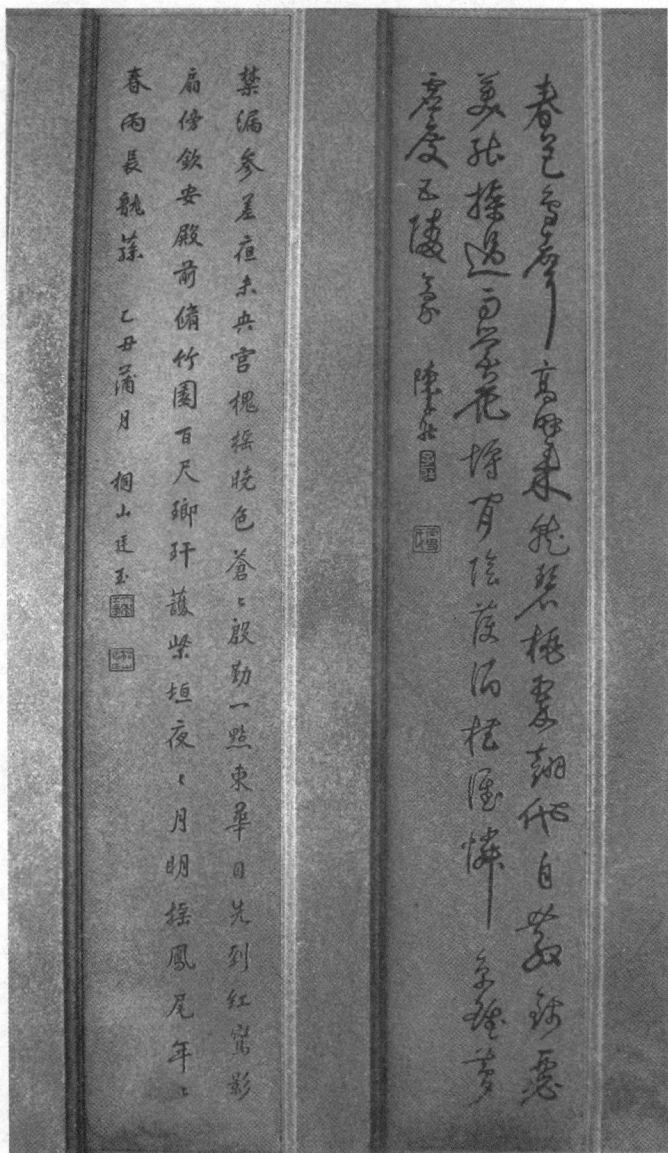

32. 素轩公祠题刻（二）（明，年份不详；明，崇祯十四年，1641）

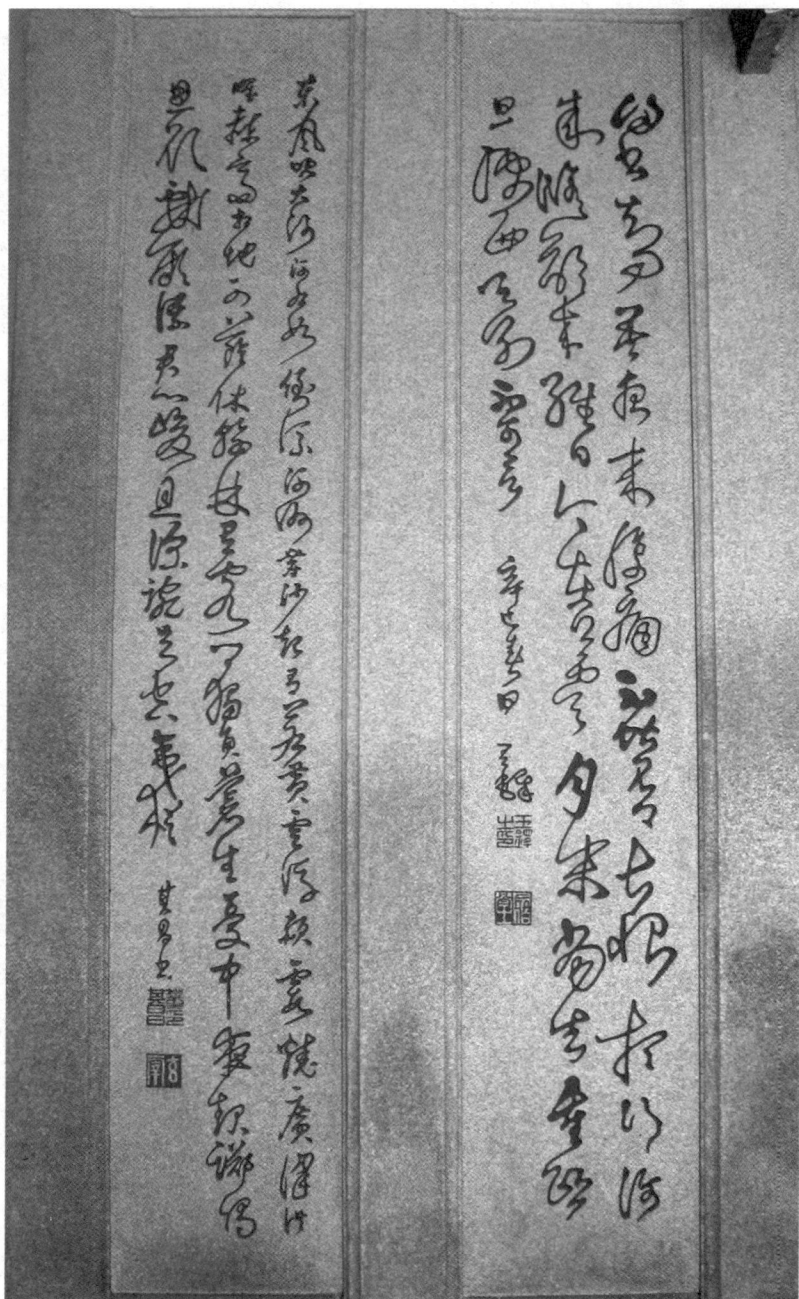

刻文一①：

东风吹大河，河水如倒流。河洲尘沙起，有若黄云浮。
赫霞烧广泽，洪曜赫高（丘）。（野老泣）相（语），（无）地可荫休。
翰林有客卿，独负苍生忧。中夜起踯躅，思欲献厥谋。
君门峻且深，跼足空夷犹。

款识：其昌书。钤印：董其昌、玄宰。此诗为《效古二首（其二）》，作者储光羲。高 267 厘米，宽 45 厘米。

刻文二②：

得书知问，吾夜来肚痛，不堪见卿，甚恨。想行复来，修龄来经日，今在上虞，月末当去，重熙旦便西，与别不可言。（不知安所在，未审时意云何，甚令人耿耿。）

款识：辛巳春日王铎。钤印：王铎之印、宗伯学士。此处的辛巳指明崇祯辛巳年，即崇祯十四年（1641）。此题刻内容为王羲之《十七帖》中的《上虞帖》。高 267 厘米，宽 46 厘米。

董其昌（1555—1636）　字玄宰，号思白、香光居士，明代松江府华亭县（今上海松江）人。万历十七年（1589）进士，历任编修、讲官、南京礼部尚书、太子太保等职。精收藏，擅书画，以行草书造诣最高。代表作有《白居易琵琶行》《烟江叠嶂图跋》《草书诗册》等。

王铎（1592—1652）　字觉斯、觉之，号嵩樵，河南孟津人。明天启进士，累官礼部尚书、东阁大学士。入清，官至礼部尚书。卒谥文安。王铎为明末清初著名书法家，笔力雄健，长于布局，存世作品较多。

---

① 括号内为漏写部分。
② 括号内为漏写部分。

33. 素轩公祠题刻（三）（明，万历二十三年，1595；明，年份不详）

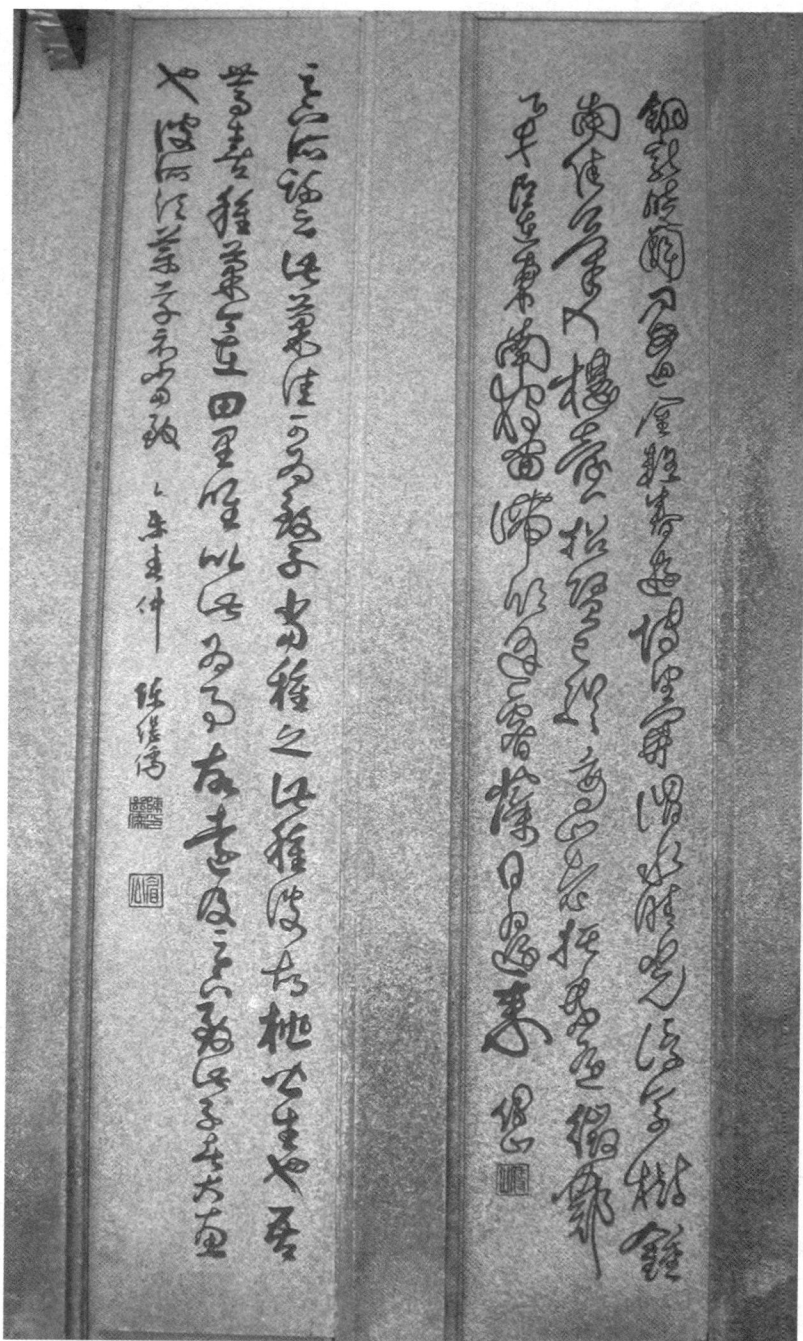

刻文一：

足下所疏云，此果佳，可为致子，当种之。此种彼胡桃皆生也。吾笃喜种果，今在田里，唯以此为事，故远及足下。致此子者，大惠也。彼所须药草，可示，当致。

款识：乙未春仲陈继儒。钤印：陈继儒印、眉公。此题刻集王羲之《十七帖》中《胡桃帖》《药草帖》二者之文而成。此题刻高267厘米，宽47厘米，石质阴刻。

刻文二：

铜龙晓辟问安回，金辂春游博望开。渭水晴光浮草树，钟南佳气入楼台。
招贤已得商山老，托乘还征邺下才。臣在东周独留滞，欣逢睿藻日边来。

款识：傅山。钤印：傅山。诗为唐代贾曾所作《奉和春日出苑瞩目应令》。高267厘米，宽46厘米，石质阴刻。

陈继儒（1558—1639）　字仲醇，号眉公，明代松江府华亭县（今上海松江）人。工诗文、擅书法，与董其昌齐名。其焚弃儒冠，隐居昆山，后筑室东畬山，杜门著述，著有《眉公十集》《见闻录》等。尤以《小窗幽记》流传广泛，与王永彬《围炉夜话》、洪应明《菜根谭》并称为中国人修身养性的三大清言奇书。

傅山（1607—1684）　字青主、侨山、公它等，名号甚多。山西阳曲（今太原市郊）人，自幼颖悟，喜任侠，秉性刚直不阿。明亡后，与顾炎武等人从事反清活动，曾被捕入狱。通晓经史、诸子、释老之学，著有《霜红龛集》。擅书画、精鉴赏，谙医术。

34. 素轩公祠题刻（四）（清，年份不详；清，康熙三十一年，1692）

刻文一：

绮结层城映晚霞，疏枝三五宿眠鸦。高楼何处吹明月，散落罗浮梦里花。

款识：广陵闻学之作也，尹源进。钤印：尹源进、文武铨衡。此诗作者不明。此题刻高 267 厘米，宽 44 厘米。石质阴刻。

刻文二：

凤殿临瑶水，龙舟锁白云。楼台凝上汉，箫鼓忆横汾。
池岂昆明凿，波犹太液分。昔年浮万里，兰桂咏缤纷。

款识：丁丑夏日京江张玉书。钤印：张玉书印、大司农印。此处的丁丑指康熙丁丑年，即康熙三十六年（1697）。此诗为明代马汝骥所作。此题刻高 267 厘米，宽 44 厘米，石质阴刻。

尹源进（1628—1686）　字振民，号澜柱、万家租人。广东东莞人。系明末清初卓有成就之画家。顺治十二年（1655）进士，历官兵部督捕主事、吏部文选主事、太常寺卿。与清初"岭南三家"之屈大均、梁佩兰、陈恭尹多有诗文往来唱和。擅画兰花，能表现出兰花风霜雨露之态。著有《平南王元功垂范》。

张玉书（1642—1711）　字素存，号润甫。江苏丹徒（今镇江）人。顺治十八年（1661）进士，历官翰林院编修、国子监司业、侍讲学士。累官至文华殿大学士兼户部尚书。康熙五十年（1711）随帝至热河，病卒，谥文贞。精春秋三传，深邃于史学，被康熙皇帝委派主持修纂《三朝国史》《大清会典》《大清统一志》《康熙字典》《明史》等。工于古文辞，称一代大手笔。有《张文贞集》十二卷传世。

35. 李氏宗祠（清，康熙二十五年，1686）

此匾为开濠村李氏宗祠门额，宽205厘米，高70厘米，石质阳文。右款：康熙廿五年丙寅岁孟冬吉立；左款：乡进士文林郎知贵州新贵事侄孙国栋书。钤印：国栋之印、□□，款识阴刻。此书近赵体，体正笔活，线条圆润，有气定神闲之态。

李国栋　字兆梁，澄海人。清顺治八年（1651）举人。任贵州新贵事，政尚宽和，民化其德。三年后乞归，性豁达，祖上田地均分与众兄弟。嗜读《春秋》《韩昌黎集》，尤工诗文，时与佘湄州（志贞）、陈园公（衍虞）等相唱和。著有《锄云山房文集》。府志有传。

36. 科贡传芳（清，康熙三十八年，1699；清，康熙三十九年，1700）

此匾为仙溪村林厝巷门额，石质阴刻，高72厘米，宽28厘米。右款：重修；左款：康熙己卯庚辰年。

现巷中住户均为陈姓，询之巷中住户均不知为何人所立，陈氏祖上经营"亮合"米铺，发家后从林氏后人购得此巷，陈氏也无考取功名者。

查光绪《海阳县志》卷十五《选举表四·举人》载，"林绍缙，一作瑨，三十九年恩贡；林上苑，阳山教谕，三十九年拔贡……以上四人据采访册补"。两人时间、姓氏正符合，但款识"康熙己卯年"为康熙三十八年（1699），"庚辰年"为三十九年（1700），与志书所载不符，可能是当年修志采访时林氏后人记错时间。当以原匾额为准：两人一为康熙三十八年（1699）贡生，一为康熙三十九年（1700）贡生。暂存待考。

37. 杨氏家庙（清，康熙三十九年，1700）

此为外文村杨氏大宗祠门额，宽210厘米，高79.5厘米，字径高48厘米，宽38厘米，石质阳刻，无款，口传为赵申乔所书。赵氏书法于各处遍查无获，幸于澄海南洋村所藏康熙二十年（1681）御赐总兵许龙画像上端，发现其奉命所书像赞，款识"户部尚书赵申乔拜题"。经比对，两者书体近似，门额为其题写当应可信。杨氏家庙建于康熙三十九年（1700），故其门额"杨氏家庙"当题于是年。

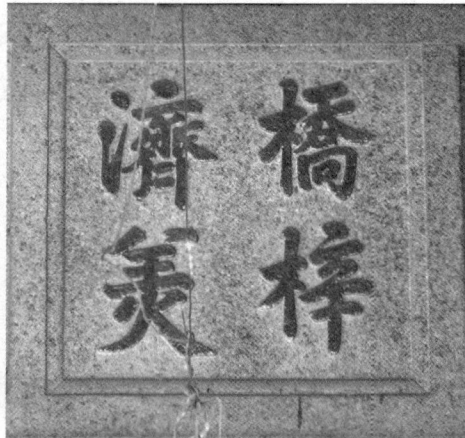

该作品结体紧密，笔法圆浑，健而不犷，一派平和简静之态。另左右间题刻书风与匾额一致，也应为赵氏所书。

赵申乔（1644—1720）　字松伍，又字慎旃，江苏武进人。康熙九年（1670）进士，二十年（1681）授河南商丘知县，有惠政。二十五年（1686）命以主事用。二十七年（1688）授刑部主事。五十九年（1720）以病乞休，同年卒。赐祭葬，谥恭毅。雍正元年（1723）赠太子太保。

杨氏家庙　　俗称石鼓祠，为庵埠杨氏大宗祠。康熙三十九年（1700）乡人杨儒经（康熙己酉科举人，官至内阁中书舍人）倡建，由罗浮山道士阳宗设计，三进二火巷格局，祠前有一长一方两风水池。祠中后厅原有"永思堂"木匾，署款"金陵胡任舆书"（胡氏为康熙三十三年状元），今已佚。

桥梓济美　　"桥梓"又作"乔梓"，常用来比喻父子关系。"济美"意为在前人基础上发扬光大。"桥梓济美"应是指杨起凤（岁贡，以子儒经封中书舍人）、杨儒经（康熙八年举人，官内阁中书舍人）、杨石园（岁贡生，儒经子）、杨象园（官吴川、常山县知县，儒经子）、杨德音（官龙门教谕，儒经孙）等父子连登科甲，光宗耀祖。

棣萼联芳　　《诗经·小雅·常棣》："常棣之华，鄂不韡韡；凡今之人，莫如兄弟"。后以此比喻兄弟同享美名和才华。"棣萼联芳"应是指杨琠（正德三年进士，历任南京、山西道监察御史）、杨玮（字景琦，号约斋，弘治壬戌科进士，历任辰州知府，贵州兵备副使）兄弟连登科甲，同祀乡贤。

38. 凤翼宗三① （清，康熙五十年，1711）

此匾为薛陇村"薛氏家庙"门额背后题刻，行书阳刻，宽207厘米，高69厘米。右款：康熙辛卯；左款：道光癸未年重修，正书阴刻。此处的康熙辛卯即康熙五十年（1711），道光癸未年即道光三年（1823）。该作品笔画圆润，使转流畅，神采俊逸。

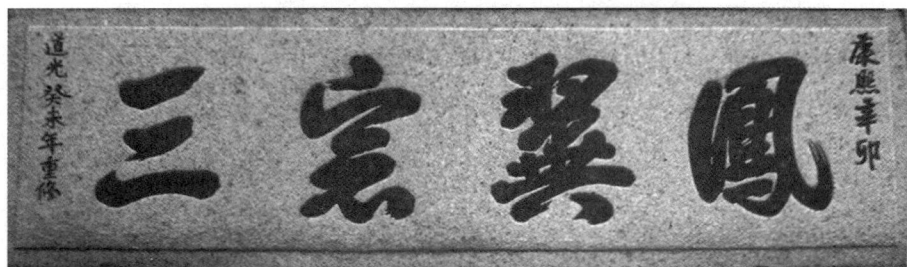

---

① 凤翼宗三：一指唐代薛氏"河东三凤"。薛元敬，字少兴，隋代选部侍郎薛迈之子，自幼聪颖，饶有文采，与叔父薛收、族伯薛德音齐名，时人称"河东三凤"，河东薛氏后人为纪其事，遂以"三凤堂"为堂号。一指庵埠薛氏一门三进士。薛陇村古称"凤陇"，明代薛侃与弟薛侨、侄薛宗铠高中进士，为官忠耿敢言，且同师事王阳明并广扬其学说，为岭南心学之宗，故有"三凤齐鸣"之誉。凤翼：比喻帝王、权贵或珍奇祥瑞的事物，此处引申为人才。

39. 闲云杨公宗祠（清，康熙五十年，1711）

此为文里村闲云公祠门额，宽296厘米，高60厘米，石质阳刻。右款：时康熙辛卯年菊月榖旦；左款：钦命粤东典试大主考张为经题。钤印：张为经印、阿西、张□之印。引首章：□□堂。康熙辛卯年即康熙五十年（1711）。

该作品以欧体为架，渗以苏东坡笔意。字形方正有力，笔画圆润，给人以雍容华贵之感。

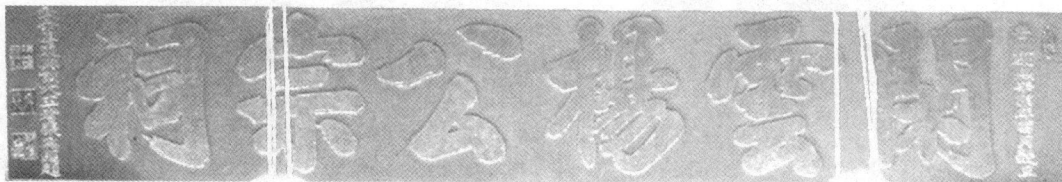

张为经　字涵六，山东济宁人。康熙三十年（1691）进士，授桂东知县，升吏部主事、郎中。康熙五十年（1711）任广东乡试主考官。次年提督福建学政。著有《粤东题咏》《沤水学叭》《公余偶兴》等。

40. 熙朝吁俊[①]（清，康熙五十四年，1715）

此木匾现挂于庄陇村世德堂二进大厅，宽262厘米，高94厘米，厚6厘米，字径50厘米，行书阳刻。右款：广东等处承宣布政使司布政使加三级王用霖为；左款：康熙五十四年恩贡生庄汝郁立。字径7厘米，正书阳刻。

该匾字体刚柔并济，遒劲雄浑，大气磅礴，不失为一书法佳作。

王用霖　奉天（今辽宁）人，荫生，康熙四十四年（1705）任直隶通永道（今北京通州）。康熙四十八年（1709）由陕西督粮道升任广西按察使司按察使。康熙五十一年（1712）五月，由广西按察使升任广东布政使司布政使，康熙五十五年（1716）十一月，调任山东布政使司布政使。

---

① 吁俊：招揽人才。

41. 贡元（一）（清，康熙五十五年，1716）

此木匾现挂于庄陇村世德堂首进门厅，宽203厘米，高80厘米，厚5厘米；正文字径52厘米，款识字径高7厘米，宽4厘米，行书阴刻。右款：钦差提督广东通省学政加二级郑晃为；左款：康熙五十五年惠来县学岁贡生庄汉立。正书阳文。

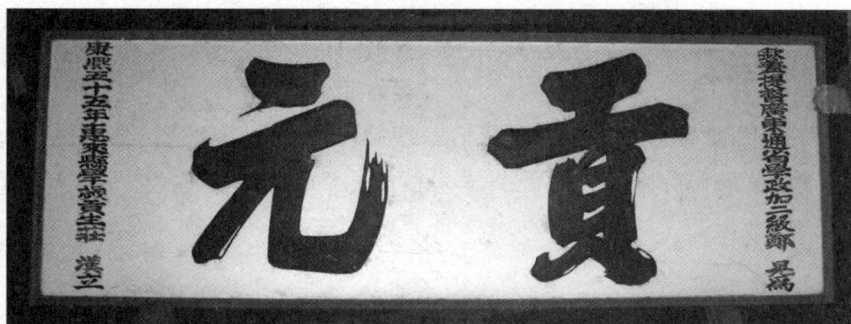

郑晃　字子伟，福建浦城人（今福建南平市浦城县），康熙三十三年（1694）进士，授郧县知县，设集场，立纳采、问名之礼，以绝讼源，劝速葬，禁丧殡演剧，妇女庙哭诸陋习。又署郧西，凡所作禁谕、序、记、图解，皆切风土、人情，名《华胥外集》。寻入为刑部主事，历迁礼部郎中，康熙五十二年（1713）出为广东提督学政。寸长必录，事竣归里，卒年七十二。

庄汉　待考。

42. 光鉴斋（清，雍正元年，1723）

此匾为大干村原光鉴斋匾额，现保存于美祖祠中。匾宽187厘米，高62厘米，厚22厘米；字径高约35厘米，宽约30厘米，行书阳文。右款：雍正元年春月立；左款：礼部尚书元龙书。正书阴刻。该作品法度森严，苍劲浑厚，给人以力量之感。

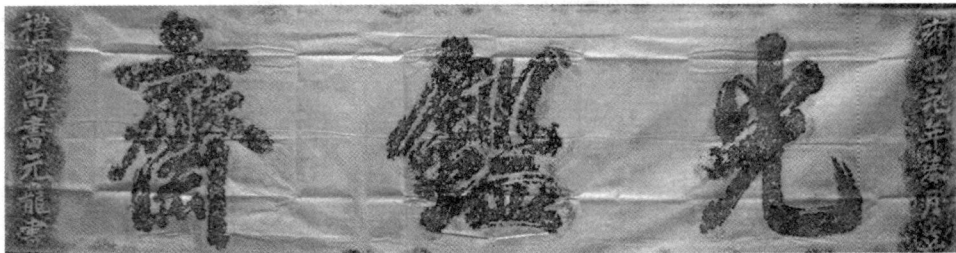

此书斋匾额为何人所立，村人皆不知。东凤陈氏五房直斋公于明代移居庵埠大鉴乡，为该村陈氏始祖。因据民国十三年（1924）重刊东凤《潮州陈氏族谱·大鉴世系》廿四世"尚辅"载："……公生顺治辛卯年七月初五日酉时，终（康熙）乙未年八月初八日未时……姚生顺治丙申年五月初七日未时，终（康熙）庚寅年四月十六日酉时。公姚晚年姻戚为之制锦，浙水陈尚书大学士乾斋公讳元龙撰文称祝。"

从上文可知，陈尚辅夫妇皆生于顺治年间而卒于康熙末年，晚年时尚书陈元龙曾为其撰写祝文。匾额款识为"雍正元年春月立"，那么此匾应不是陈尚辅所立，而是其子辈兴建书斋时盛请当朝礼部陈尚书所题，以光耀门第。

陈元龙（1652—1736）　字广陵，号乾斋。浙江海宁盐官人。康熙二十四年（1685）榜眼，授翰林院编修。历任陕西乡试主考官、吏部侍郎、广西巡抚、工部尚书、礼部尚书。雍正七年（1729）授文渊阁大学士兼礼部尚书。十一年（1733）归老，加太子太傅衔。卒，谥文简，人称"陈阁老"。其书学赵孟𫖯，擅长楷书。著有《爱日堂文集》《爱日堂词集》等。

43. 贡元（二）（清，雍正十年，1732）

此为薛陇村尾围贡元第匾额，宽 177 厘米，高 55 厘米，灰塑阴刻。右款：赐状元及第内阁学士兼礼部侍郎督广东等处学政加一级邓钟岳为；左款：雍正十年壬子海阳县岁贡生薛凤季立。

　　邓钟岳（1674—1748）　字东长，号悔庐。山东东昌卫（今山东聊城）人。博览群书，尤对《易》《礼》有深入研究。康熙四十七年（1708）中举人，六十年（1721）登进士一甲状元，入翰林。历任南副考官道、江苏学政，雍正七年（1729）任广东学政，后迁内阁学士兼礼部侍郎。为政清廉，谨慎守礼。乾隆十三年（1748）曾随乾隆帝东巡，以疾致仕，卒年 74 岁。工书，能诗文，康熙对他有"字甲天下"之誉。著有《知非录》一卷，《寒香阁诗集》四卷，《文集》四卷。

　　薛凤季　待考。

44. 文昌祠（清，乾隆十一年，1746）

此匾为原外文村文昌祠门额，宽204厘米，高58厘米，字径高46厘米，宽35厘米，正书阳刻。右款：乾隆丙寅年菊月。正书阴刻。左款：穀旦立。此处的乾隆丙寅年即乾隆十一年（1746）。现嵌于缅先亭后壁。

文昌祠　建于乾隆十一年（丙寅年，1746），位于外文村石牌巷口，面临庵江溪，毗邻"内关市"，左近为水门，为起卸货物码头。祠为两进格局，祠前左右设栅门，上盖瓦顶，成为独立空间。对面及左右皆为商铺，主要经营香烛、南金及饼食，知名铺号有"顺兴"、"彩记"包饼铺，"正发"粿铺等。夜间栅门关闭，铺户另从临溪后门出入。祠于二十世纪八十年代拆毁，改建为肉菜市场。

文昌帝君　又称梓潼神、文昌帝、济顺王、英显王、梓潼夫子、梓潼帝君、雷应帝君。本名张亚子，唐朝越隽人氏，后迁至七曲山（今四川梓潼县），因笃信道教，广传道教教义，逝后人们建庙七曲山上，名"清虚观"，并刻"梓潼君"于碑上，遂成梓潼神。唐玄宗、唐僖宗曾先后逃难至四川，封梓潼神为左丞相、济顺王。元延祐三年（1316）敕封其为"辅元开化文昌司禄宏仁帝君"，简称"文昌帝君"。至此封号出现"文昌"二字，于是人们将其与文昌星相结合，自此梓潼帝君就成了文章、学问之神，掌管文昌府事务。凡是读书人都必祀文昌帝君，逢其诞辰，童生、秀才、禀生、贡生、举人及私塾老师都必备供品至文昌庙祭祀。

45. 护龙古庵（清，乾隆十五年，1750）

此匾为原护龙古庵门额，宽157厘米，高40厘米，字径高32厘米，宽25厘米，石质阳刻。右款：乾隆庚午年桂月立；左款：住持源慧重建，阴刻。此处的乾隆庚午即乾隆十五年（1750）。现嵌于缅先亭后墙。

护龙古庵　在外文村新埠头，左邻天后宫，右邻报功祠（原为明代粮约所），前为货运码头。明代嘉靖年间，乡人奉潮阳灵山寺香火建庵于此，故又称小灵山寺。乡人杨儒经（官至中书舍人）于康熙及乾隆年间重修。现已毁，原址曾作为村委会，现改建为老人活动中心"永乐园"。

清末民初，僧人月兰在庵中传授武术，著名弟子有"龙眼仙"和杨炳杰。20世纪30年代，杨炳杰在此庵附近设"德建"拳馆，培养出杨秀木、杨老余、杨启丰、杨启存等一批青年拳师。1938年3月，应汕头许楼山之约，杨炳杰率外文里武术队80余人至大观园戏院表演，杨炳杰、杨秀木、杨老余、杨启丰、杨启存、林毅进、杨启典等登台献技，精湛武艺受到各界好评，有"杨家将"之称，至今村中仍沿袭习武传统。

46. 杖国人瑞① （清，乾隆十六年，1751）

此匾为官里村开益斋主座后厅匾额，宽196厘米，高60厘米，字径高40厘米，宽34厘米。右款：赐进士第文林郎知海阳县加三级纪录三次唐若时为；左款：乾隆拾陆年冠带耆宾杨承烈立。皆正书阳文。钤印：唐若时印、元登。该作品结体疏朗，线条均匀，一派从容不迫、安稳泰然之态。

唐若时　字元登，号寿泉，清代陕西渭南仕东北里（今下吉北部）人。幼时家贫，酷爱读书，靠砍柴、种地度日。雍正四年（1726），与父亲同榜中解元。乾隆元年（1736）中进士后，先后任广东鹤山、新安、海阳知县。在任期间兴利除弊，待人平易，平反冤案，受到上级官员的器重。后因事被降为山东高塘州判官。不久，又任兰山县知县，抑制豪强，缉捕盗贼，合理摊派徭役，人们对他很感激，遂将唐氏主持开凿的水井取名为"唐公井"，并为其立生祠敬奉。唐氏为官清廉，后因病归家。

杨承烈　待考。

---

①　杖国人瑞：杖国：《吕氏春秋》《周礼》等记载："用杖自知天命始，至七十岁仍为臣者，要授杖以示优遇。"另，《礼制·王制》中有"七十杖于国"，谓七十岁尚可拄杖行走于都邑、国都，后作七十岁的代称。人瑞：通称期颐或百岁人瑞，常指人事吉兆或有德行之人，主要指年纪百岁以上之人。

47. 梅溪书院（清，乾隆二十四年，1759）

此为原梅溪书院门额，宽188厘米，高57厘米，字径40厘米，石质阳刻。右款：乾隆己卯岁；左款：孟冬里人重建，阴刻。现嵌于缅先亭后墙。此处的乾隆己卯岁即乾隆二十四年（1759）。

梅溪书院　位于梅溪村陈氏宗祠左侧，面朝韩江。创建于清雍正年间，乾隆二十四年（1759）重修，现已毁，原址改建为梅溪幼儿园。

梅溪村　在庵埠镇东北面，东南临韩江，面积约为0.25平方公里。村中主要聚居洪、陈、郭、金、曾五姓，其祖多迁自福建莆田。因村位于韩江下游梅溪河畔而得名"梅溪"，原属东凤镇辖区，1951年5月并入庵埠镇。梅溪村的著名传统副业为鱼苗业，经营范围曾北至福建厦门、台湾等地，南至珠三角、香港；现只剩一家勉力经营。清末在此设有庵埠海关分口和厘金局，收取韩江过往船只税银。1939年日军在此登陆进而占领庵埠、汕头。

48. 乔柯远荫（清，道光三年，1823）

此匾为莫陇村莫氏小宗祠门额背面题刻，楷书，字径高40厘米，宽30厘米。上款"道光癸未重建"，字径4厘米，椭圆形引首章，内容不清；下款"树椿书"，字径5厘米，钤两个6厘米方印，印文：树椿、□□。道光癸未即道光三年（1823）。

莫树椿　福建上杭城关人，嘉庆二十五年（1820）进士，钦点翰林庶吉士，授儒林郎，后任山东临邑县知县，清积弊，兴文教，关心民疾。后归乡曾主讲龙山、琴岗两书院，著有《师竹堂文集》十四卷及《不朽录》。

49. 土厚千年旺，地灵万古春（清，光绪十四年，1888）

此联为广潞吴村福德庙门联，高100厘米，宽20厘米。石质阴刻，横梁则书"福德庙"，款识：光绪戊子，皆无署名款。此处的光绪戊子即光绪十四年（1888）。

据村中耆老介绍，此联为本村著名画家清代吴凌所书，经比对吴氏作品，可确定当为其作品。该联书体楷行并重，瘦劲有力，婉转流畅。

吴凌　见"吴凌竹画"篇。

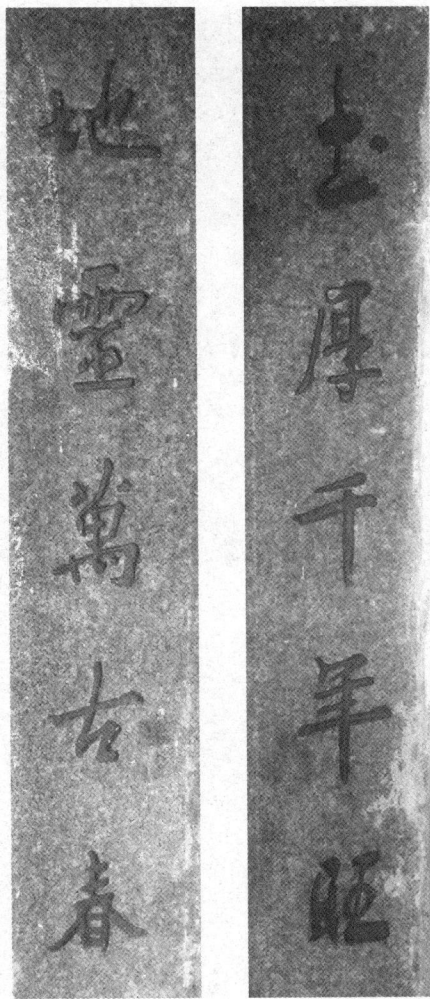

50. 尧衢黄发① （清，光绪十五年，1889）

此匾为薛陇村尾围一老屋门额，宽148厘米，高48厘米，正书阳文。右款：钦命广东全省学政翰林院侍读叶大焯为；左款：职员贞哲在光绪十五年己丑冬月吉立，正书阴刻。

此匾系为薛陇村103岁耆老薛贞哲所立。该作品学自北碑，中锋用笔，方正峻峭。

叶大焯（1840—1900） 字迪恭，号恂予，福建闽县（今福州）人，叶观国玄孙。清同治七年（1868）进士，光绪八年（1882）提督广东学政。光绪十年（1884），梁启超考中秀才并补博士弟子，叶大焯接见，梁启超想起祖父古稀之庆将至，便向叶大焯索取祝寿之言，叶大焯为梁启超的孝心感动，挥毫写下了《镜泉梁老先生庆寿序》一文。

---

① 尧衢黄发：君王施行尧帝一样的仁政，人们得以安居乐业，怡然长寿。衢：大路，四通八达的大道。黄发：老年人头发由白转黄，旧时长寿的象征，后常用指老人。语出《诗经·鲁颂·閟宫》"黄发台背"。陶渊明《桃花源记》："黄发垂髫，并怡然自乐。"

51. 林岩耕竹画（一）（清，光绪十八年，1892）

此组画为刘陇村刘氏宗祠（建于光绪十八年，即1892年）门楼装饰，共六幅，每幅高83厘米，宽71厘米，石质阴刻。

林岩耕　字毓田、秋圃，号十二桥渔者，揭阳市人，清末画家。其画法师承海派，尤擅墨竹，能画出竹"风晴雨露"各种姿态，为世人所重，称为"岩耕竹"。亦擅诗书，常与同邑周子元唱酬，周有"知君诗草富，日日寄将来"句。

刻文依次为：

写将一片修篁影，留听风檐雪打声。款识：岩耕，钤印：□□、□□。

风高气爽秋萧瑟，只有苍筤万个青。款识：岩耕、林毓田。

介石拂云此修竹，暖风晴日自猗猗。款识：岩耕、林毓田、钤印：□□、□□。

争得夏来炎气少，漫天寒碧尽琅玕。款识：毓田。

倒影悬崖坚有节，霜尽玉露不知寒。款识：壬辰夏月岩耕林毓田写，钤印：□□、□□。

琼节瑶枝鸾凤集，春来犹得长龙孙。款识：岩耕、林毓田，钤印：□□。

52. 开益斋（清，年份不详）

此匾为官里村复兴路清代杨赞芝故居书斋门额，石质阳刻，高55厘米，宽120厘米，字径25厘米，无款。字体飘逸俊秀，取"开卷有益"之意。

杨赞芝（1694—?）　原居砚前村，幼好学，广交良友。及长转营生意，仍不忘督促子弟勤学上进，深懂教育为育人、治国之本。往台湾经商，刻苦经营，事业有成。后回乡办学。在官里烧灰溪垅兴建宅宇、书斋，署其斋曰"开益斋"，延师授课，为本族子弟及乡亲学子就学之所，经精心督办，开益斋为当时私塾之佼佼者。

乾隆十六年（1751）其后人杨承烈被授为耆宾，知县唐若时亲书"杖国人瑞"匾额挂于大厅之上。（详见"杖国人瑞"篇）

53. 观察^①第（清，年份不详）

此第位于文里村溪头镇，约建于清中期，系郑氏富商郑希通府第。

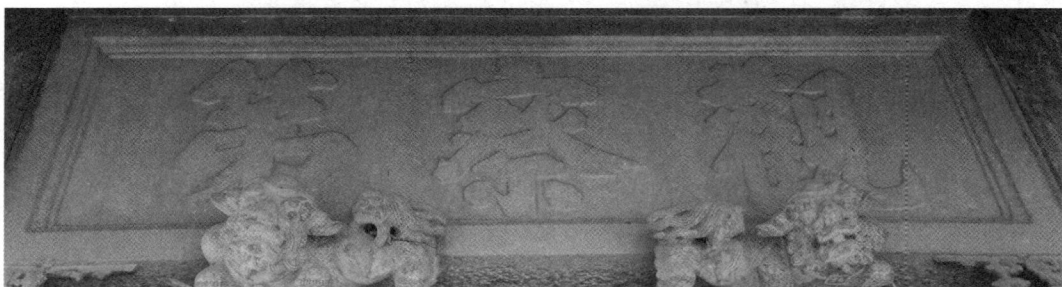

郑希通　生于清乾隆二十一年（1756），乳名利，号丛山。据传，郑希通年轻时赴今海南岛经营藤篾器生意，店号"郑明记"。一日偶遇金钩客，畅谈甚欢。后金钩客托人送来洋藤二百捆，却内藏金叶八十两相赠，并告知郑氏，往来悬挂"郑明记"旗号便免受海盗骚扰。郑希通以此为本钱扩大营业，置大海船数艘，穿航于沿海口岸，船上悬挂"郑明记"旗号，果然畅通无阻，后才得知金钩客乃海盗首领。自此郑氏财富与日俱增，富甲一方。

郑氏回乡后得朝廷诰封通政大夫，议叙兵备道加三级，并在其家乡营建府第"观察第"。据说全府第有九十九个门，两座书斋"仰瑞轩"和"书柿轩"，还有花园等；并于"书柿轩"中建敕书楼以存放圣旨。（节录自泰国冠山辅益社《辅益社刊》）

郑氏于道光十三年（1833）在澄海冠山乡建"丛祖公祠"和四进大厝"观察第"，两进"南湖书屋"。郑希通及郑远炳灵柩也均葬于冠山水吼山，今墓碑尚存。

---

① 观察：清代对道员的尊称，道员有分守道与分巡道。分守道辖一省若干府、县，分巡道辖一省某一专门项目。道光年间捐一道台需白银 13 120 两，可见当年郑氏家族之经济实力。

54. 书柿①轩（清，年份不详）

　　此匾为文里村观察第书斋门额，宽 150 厘米，高 56 厘米，字径 40 厘米，石质阳刻。据传为郑家兰所书，经比对郑氏现存书法，书体完全一致。该作品俊逸秀劲，脱俗可观。

　　郑家兰（1772—1860）　字正初，号秋皋，丰顺县𨻧隍九河人，嘉庆十三年（1808）进士，授翰林院庶吉士、邵武知县，曾任韩山书院主讲，擅长书法，楷行兼美。著有《正初文集》四卷。行书《映梅》匾，现藏丰顺博物馆。

---

　　① 书柿：指古人用柿叶代替纸在上边写字。《新唐书》载："虞善图山水，好书，常苦无纸，于是慈恩寺贮柿叶数屋，遂往取叶肄书，岁久殆遍。"苏轼《孙莘老寄墨》诗有"瓦池研灶煤，苇管书柿叶"句。后人常以"书柿叶"代指勤奋学习。

55. 枌榆①保障（清，年份不详）

此木匾现存于庵埠郭陇村原郭廷集府第麒麟府中，被改制为门扇用，"障"字缺损左耳旁。残匾宽230厘米，高65厘米，字径55厘米，楷书阳刻，款识已被铲平，有"德政"二字痕迹尚可辨。此匾应为褒扬郭廷集为家乡所做公益事业而立。

奉保榆裕

郭廷集（1812—1880）　庵埠郭陇村人，排行第三，人称郭三爷。壮年为龙溪绅士，咸丰七年（1857）八月，方耀代理潮州总兵，多委之清理积案，协办清乡。同治十二年（1873），主持重修揭阳桃山都和地美都诸桥。光绪二年（1876），主持重修潮州忠义孝悌祠、节孝祠，又以南堤低薄倡议大修，遂受方耀委任，主持修堤事，增筑赐茶庵至太子爷涵堤段。三年（1877），主持重修薛东泓祠。六年（1880），筹集地方公款修地美都鸡笼暗径路。曾筹捐潮州金山学堂基金，在汕头金山街置铺屋出租，以租金为学堂经费。

郭氏在潮州任职时倡导围海造田，建成从澄海充公至汕头玉井、莲塘、熠港、光裕、炮台等地的堨田和渔区。揭阳地都镇光裕村保存有一"方郭公祠"，便是为纪念其与方耀修筑邹堂堨而建的。晚年授福建补用知府，封荣禄大夫戴花翎三品。

---

① 枌榆：泛指故乡，与"桑梓"同。《南齐书·沈文季传》："惟桑与梓，必恭敬止，岂如明府亡国失士，不识枌榆。"

56. 龙溪书院（清，年份不详）

此为龙溪书院门额，宽131厘米，高43厘米，字径30厘米，石质阳刻，无款。门额应为清代光绪六年（1880）建时所立。该作品行楷结合，宛转流畅，飘逸俊秀。书院已毁，匾额现嵌于缅先亭后墙。

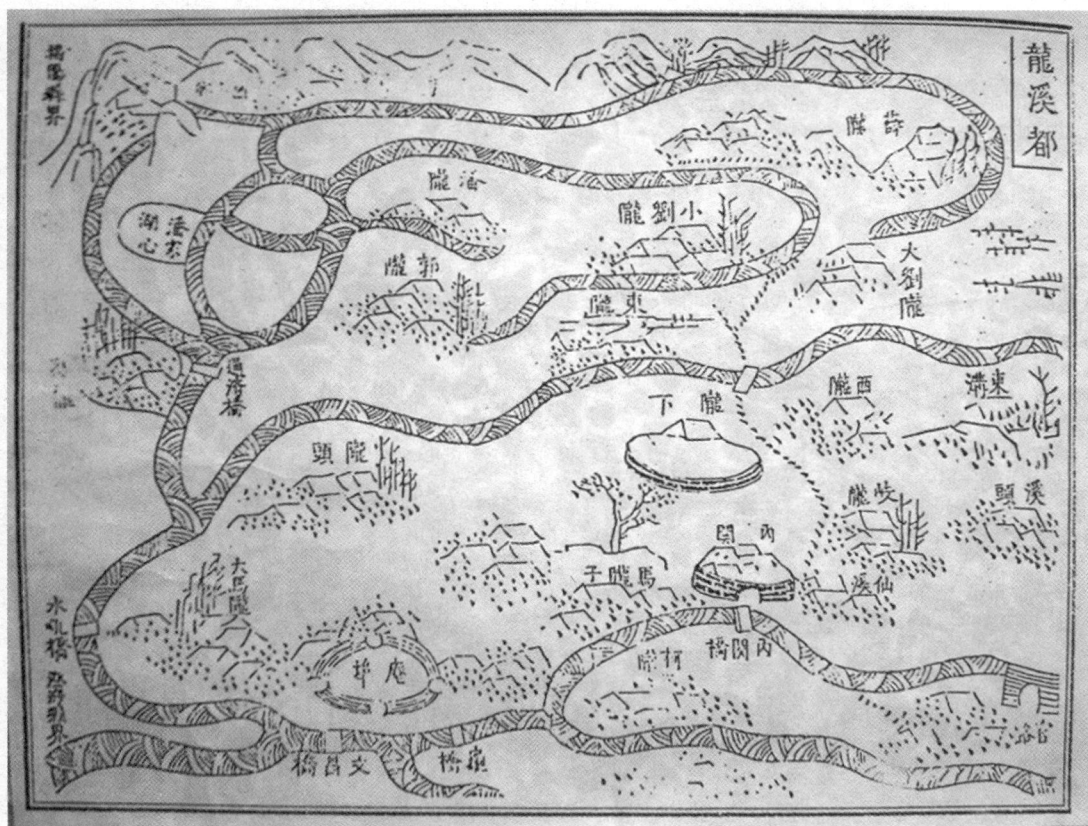

清代庵埠地图

　　龙溪书院　位于官里村文祠左侧。据光绪《海阳县志》载："龙溪书院在龙溪都柯陇乡（官里乡旧称），光绪六年（1880）总兵方耀率龙溪众乡绅建。"书院为三进建筑，右侧与文祠左巷毗邻，左侧建有火巷对称文祠左巷。后进为翊教祠，祀龙溪都历代乡贤牌位，上挂"彰美堂"匾。1924年，龙溪中学创立于此，现书院已毁，原址建为官里小学教学楼。

　　龙溪都　庵埠镇旧称龙溪都。现发现最早记载龙溪都的是北宋地理总志《元丰九域志》，据该书记载，当时海阳县延德乡辖下七都就有龙溪都。应是置于北宋元丰（1078—1085）之前。北宋宣和三年（1121）由海阳县割入揭阳县。据《永乐大典》载，南宋淳祐和元至元间称龙溪保。明嘉靖四十二年（1563）由揭阳县割归海阳县，史称"割龙归海"。今镇得名自旧"庵埠寨"。

57. 吴道镕书法（清，年份不详）

该碑为官路吴村吴氏家庙门楼题刻，高 108 厘米，宽 70 厘米，字径 10 厘米，灰塑阴刻，现已大部分风化脱落，款识只剩"道镕"隐约可辨。剩文如下：

（一）蛮浙西江，循声卓尔。郊薮麒麟，莫陛解豸。伟绩奇行，难为孙子。惟天福善，累叶受祉。椒聊之实，蕃延可比。常棣华鄂，韡韡是拟。

（二）……秋……王……石道镕……

吴道镕（1852—1936）　字玉臣，号澹庵，广东番禺人（今广州市）。光绪六年（1880）进士，授翰林院编修。中年后辞官归广东，历任三水肆江书院、惠州丰湖书院、潮州金山书院主讲，广州学海堂山长，广东高等学堂总理。一生致力于乡邦文献搜集、编辑，编有《广东文征》二百四十卷，在潮州主持编纂《海阳县志》。

吴氏擅长书法，陈永正《岭南书法史》评价："初宗柳公权，骨格甚坚。晚年改习隋碑，挺劲肃穆。小楷取法晋唐，温雅浑厚。行书亦洒落有致。"

58. 木棉祠题刻（清，年份不详）

　　此碑为刘陇村木棉祠门楼铭文，石质阴刻，刻工精细，石面光滑如镜。"式瞻""肸蠁"两幅尺寸高 119 厘米，宽 57 厘米。"承芳""乃眷"两幅尺寸高 119 厘米，宽 77 厘米。字径 8 厘米。款识：赐进士出身翰林院编修宗标撰，钦点探花及第世安书。钤印：海臣、宗标；世安、静习。字体为馆阁体，方正严谨，雍穆典雅，出入欧、柳之间。

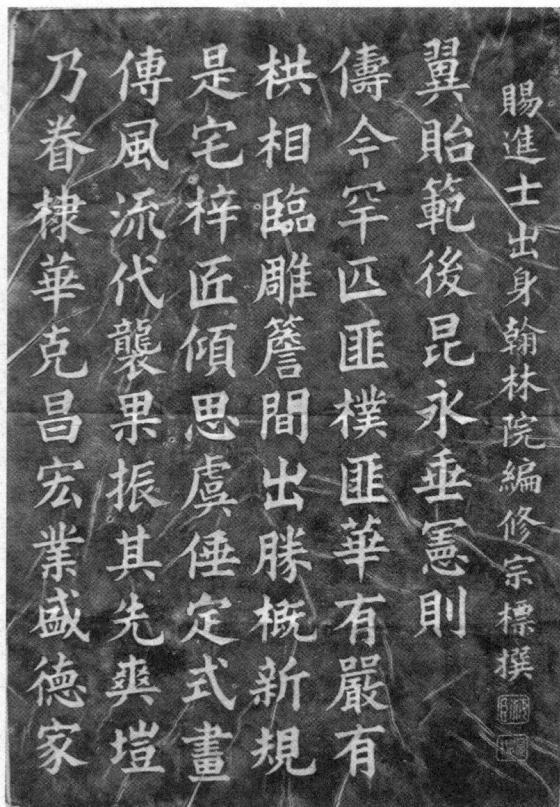

左（一）　　　　　　　　　　　左（二）

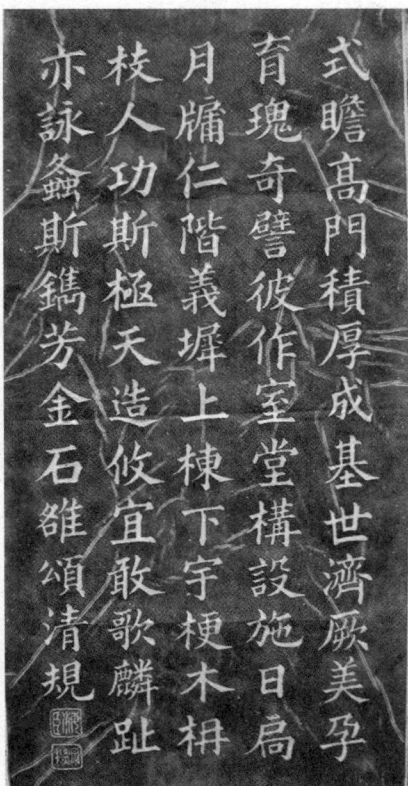

右（一）

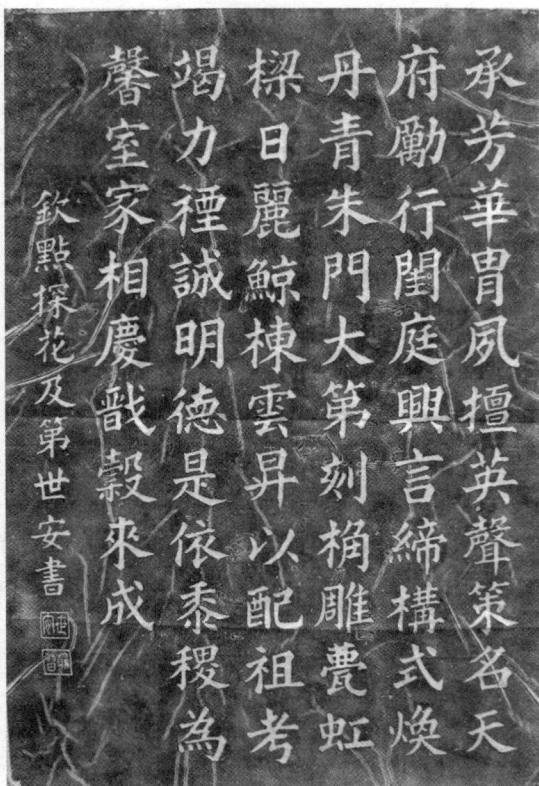

右（二）

式瞻高門積厚成基世濟厥美孕
育瑰奇譬彼作室堂構設施日扃
月牖仁階義墀上棟下宇梗木枅
枝人功斯極天造攸宜敢歌麟趾
亦詠螽斯鑴芳金石雜頌清規

承芳華冑夙擅英聲策名天
府勵行閨庭興言締構式煥
丹青朱門大第刻桷雕甍虹
梁日麗鯨棟雲昇以配祖考
竭力禋誠明德是依黍稷為
馨室家相慶戩穀來成
欽點探花及第世安書

全文如下：

（一）：式瞻高门，积厚成基。世济厥美，孕育瑰奇。譬彼作室，堂构设施。日扃月牖，仁阶义墀。上栋下宇，梗木楠枝。人功斯极，天造攸宜。敢歌麟趾，亦咏《螽斯》。镌芳金石，雒颂清规。

钤印：海臣、宗标。

（四）：承芳华胄，凤擅英声。策名天府，励行闺庭。兴言缔构，式焕丹青。朱门大第，刻桷雕薨。虹梁日丽，鲸栋云升。以配祖考，竭力禋诚。明德是依，黍稷为馨。室家相庆，戬穀来成。

款识：钦点探花及第世安书。
钤印：世安、静习。

（三）：允惟清族，蔚起闻人。有弟则陆，无兄不荀。霞轩月举，桂馥兰芬。门峥层构，堂嵘崇垣。经营毕备，朴斫既勤。栽松莳柏，镂琬雕珉。爰妥清庙，胼胝通神。永膺多福，千亿子孙。

钤印：世安、静习

（二）：乃眷棣华，克昌宏业。盛德家传，风流代袭。果振其先，爽垲是宅。梓匠倾思，虞倕定式。画栱相临，雕檐间出。胜概新规，侪今罕匹。匪朴匪华，有严有翼。贻范后昆，永垂宪则。

款识：赐进士出身翰林院编修宗标撰。
钤印：海臣、宗标。

刘宗标　字海臣，广西贺县（今贺州）人。清光绪二年（1876）进士，选庶吉士，散馆授编修，光绪十四年（1888）任顺天乡试同考官，历任浙江严州、台州知府，光绪三十一年（1905）任绍兴知府。

刘世安（1851—？）　字静皆，汉军镶黄旗人，清光绪十五年（1889）进士，探花及第，授翰林院编修，光绪十七年（1891）起历任陕西乡试主考官、顺天乡试同考官、甘肃学政等。

59. 许氏宗祠题刻（清，年份不详）

此四幅作品为龙见村许氏宗祠门楼铭文，铭文内容皆集自《诗经》。高 119 厘米，宽 101 厘米，石质阴刻。

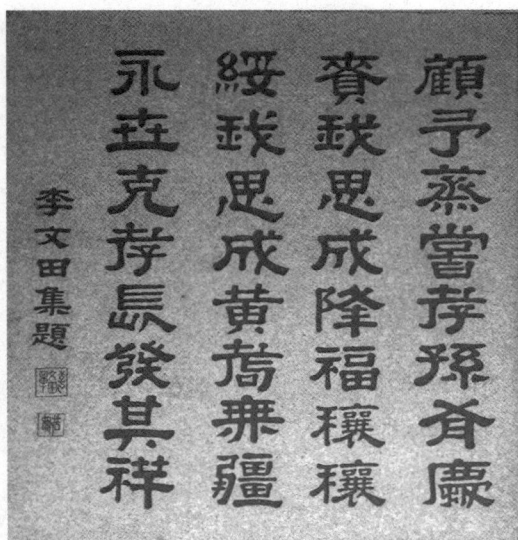

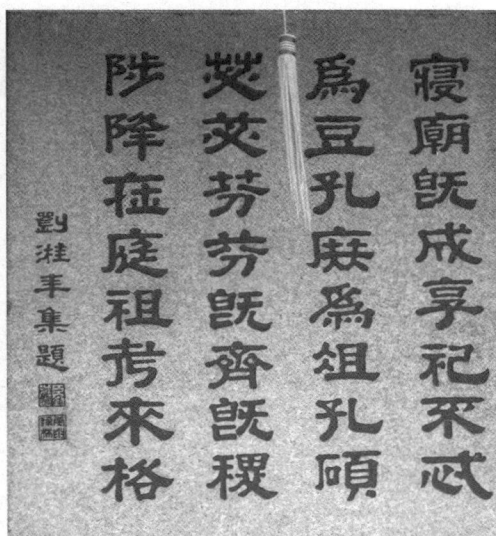

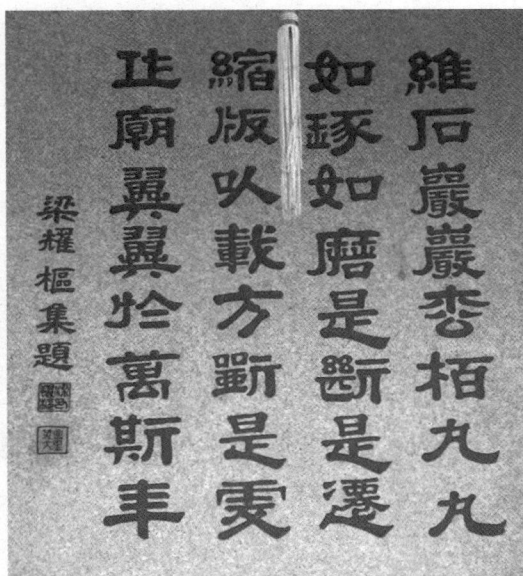

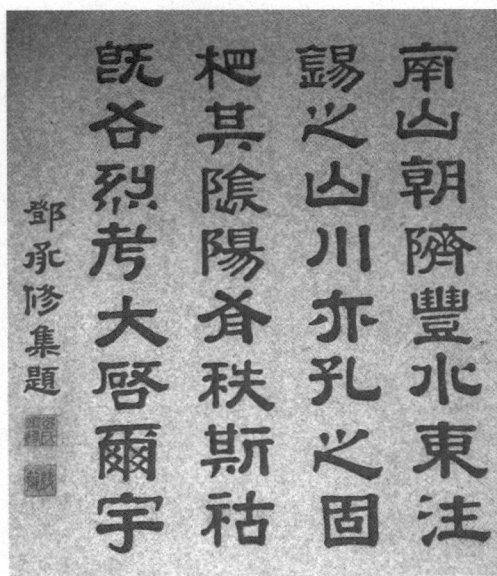

刻文一：

顾予蒸尝，孝孙有庆。赍我思成，降福穰穰。
绥我思成，黄耇无疆。永世克孝，长发其祥。

款识：李文田集题。钤印：李文田章、苦农。

刻文二：

寝庙既成，享祀不忒。为豆孔庶，为俎孔硕。
苾苾芬芬，既齐既稷。陟降在庭，祖考来格。

款识：刘滋年集题。钤印：臣刘滋年、庚申翰林。

刻文三：

维石岩岩，松柏丸丸。如琢如磨，是断是迁。
缩版以载，方斫是虔。作庙翼翼，於万斯年。

款识：梁耀枢集题。钤印：梁耀枢印、□□。

刻文四：

南山朝跻，丰水东注。锡之山川，亦孔之固。
相其阴阳，有秩斯祜。既右烈考，大启尔宇。

款识：邓承修集题。钤印：邓氏承修、铁艻。

李文田（1834—1895）　字仲约、畬光，号若农，广东顺德人。咸丰九年（1859）探花，官至礼部侍郎。学问渊博，辞章金石皆精通。工书，宗法北碑。著有《宗伯诗文集》等。

刘滋年　字蜀生，又字树君，顺天府大城县（今属河北）人。咸丰十年（1860）进士，历官惠州、广州知府，光绪三年（1877）、八年（1882）两任潮州知府。

梁耀枢（1832—1888）　字冠祺，号斗南，广东顺德人。同治十年（1871）状元，授翰林院编修，历官侍读学士、参事府詹事。

邓承修（1841—1892）　字伯讷，号铁香，归善（今惠州）人。历官鸿胪寺正卿、总理各国事务大臣。擅书，宗法北碑，参以篆隶，自成一家。

60. 唐廷琮书法、竹画（清，年份不详）

此书画为龙坑村朝议第门楼装饰，各一书一画石质阴刻，书法宽44厘米，高90厘米，行书。竹画高90厘米，宽14厘米，无款。内容如下：

（一）导引家云：心不离田，手（不）离宅，此云极有理。又云：真人之心如珠在渊，众人之心如瓢在水，此善喻者。书东坡先生语。钤印：子芳。

（二）正献公晚乃学草书，遂一代之冠，公书政使不工，犹当世传宝之，况其清闲妙丽，得晋人风气，如此耶。子芳唐廷琮。钤印：唐廷琮印、芷芳。

该作品宗法欧阳询，渗以二王笔意，笔画刚劲凌厉，方正中寓以灵动；两竹画虽寥寥数笔，却也疏朗劲挺，干脆利落，小中见精神，颇有元代吴镇画风，不愧为一代画竹名家。

唐廷琮　字芷芳，又署子芳或子方。清光绪年间潮州府城人，居北门小卞厝巷。能书善画，尤其以墨竹名世。其兄弟唐廷珍、唐廷琛皆擅书画，人称"唐家字"。

61. 仓颉①圣庙（清末民国，年份不详）

此匾原为仓颉圣庙门额，宽 188 厘米，高 59 厘米，石质阳刻。背面阴刻"文明肇起"，均无年款。仓颉在潮汕地区大多与文曲星、魁星一同供奉，单独建庙祭祀比较少见。据推测此匾可能建于清末民国，与此时潮汕地区孔教会盛行，大肆兴建惜字纸塔热潮有关。庙原在太和埠，不知毁于何时，门额现嵌于缅先亭后墙。

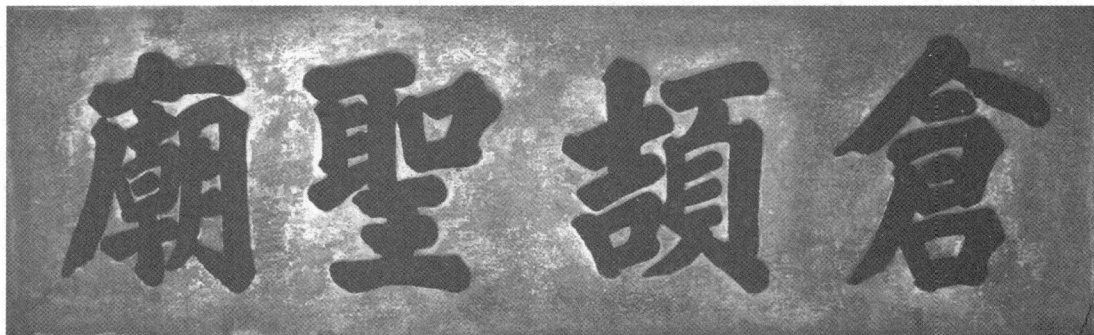

① 仓颉：原姓侯冈，名颉，俗称仓颉先师，又史皇氏。《说文解字》记载仓颉是黄帝时期造字的左史官，见鸟兽的足迹受启发，分类别异，加以搜集、整理和使用，在汉字创造的过程中起了重要作用，被尊为"造字圣人"，其圣诞日为农历三月二十八日。《河图玉版》《禅通记》记载仓颉曾经自立为帝，是上古时期的一部落首领，是洛书的发现者之一。仓颉也是道教中文字之神。据史书记载，仓颉有双瞳四目，天生睿德，观察星宿的运动趋势、鸟兽的足迹，依照其形象首创文字，革除当时结绳记事之陋，开创文明之基，因而被尊奉为"文祖仓颉"。

62. 吴凌竹画（清，年份不详）

此画为外文村天后宫门楼装饰，高 205 厘米，宽 44 厘米，厚 14 厘米，石质阴刻。款识：治子卢杏村敬题，吴凌敬画。钤印：吴凌。画面下部有"裕记造""三合利造"字样，应是当时石厂商号。

该作品用笔老辣，构图饱满，枝繁叶茂，一派生机盎然景象。

吴凌（1831—1913）　字子云，庵埠广潞吴村人。吴凌自学成材，金石书画皆有成就，提倡写生，举凡人物、花鸟、山水、鸟兽皆擅长，善大写意，用笔奔放，书法俊逸，曾有诗集传世，今已佚。晚年设塾授徒，培养了不少人才，澄海莲下人余翼云便是其中的佼佼者。1915 年，遗作参加南京全国绘画赛，获金奖。

63. 林岩耕竹画（二）（清，年份不详）

此画为凤岐村许氏宗祠门楼装饰。高120厘米，宽86厘米。

一款：淋漓荟蔚胸千亩，势许凌霄是此君，秋圃写；钤印：琴书、秋圃。一款：修竹由来比君子，出檐便是拂云时，岩耕写；钤印：□□。

画面秀气清朗，修竹瘦劲，颇有郑板桥意味。

林岩耕　见"林岩耕竹画（一）"篇。

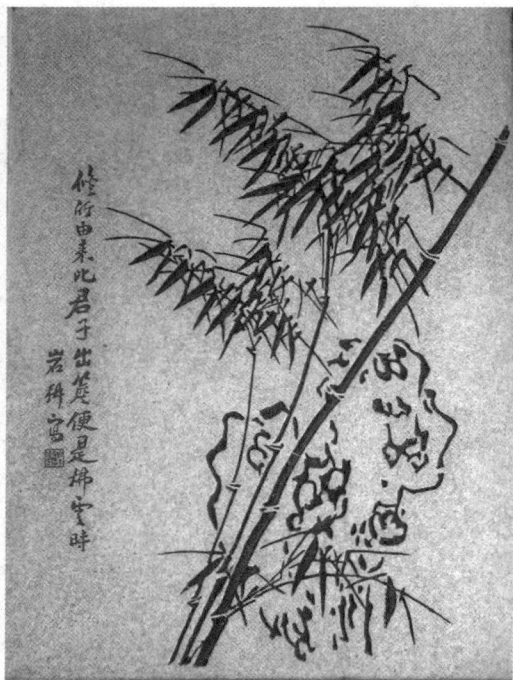

64. 钟麟书法（民国二年，1913）

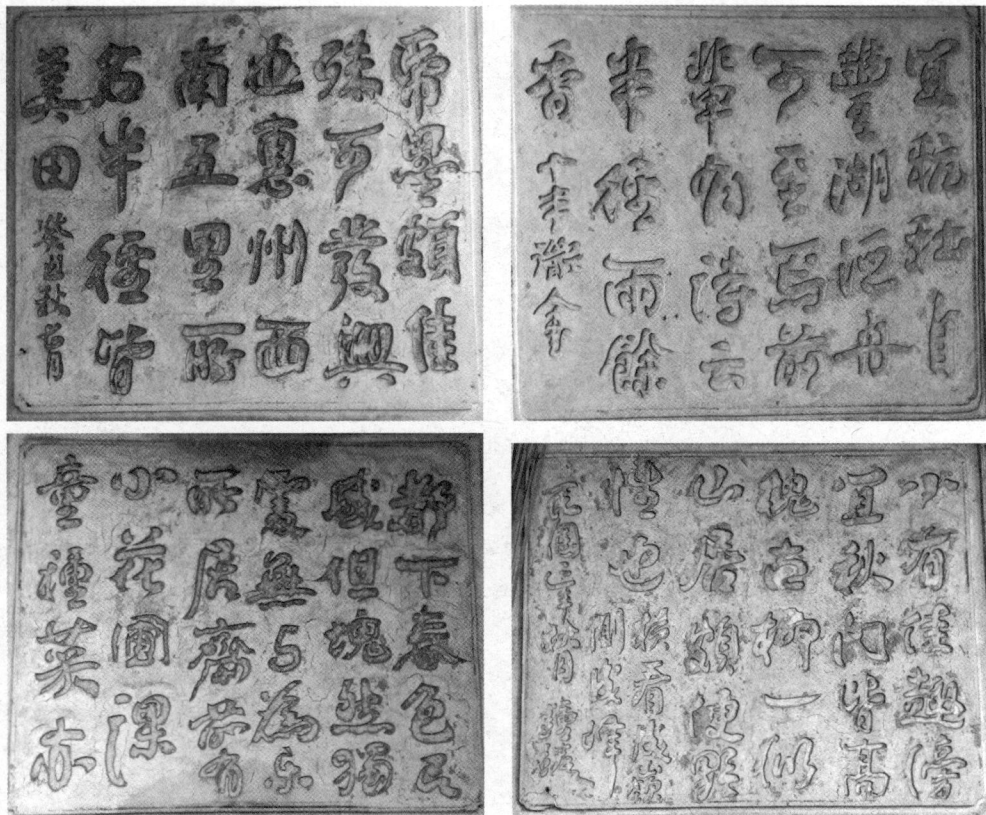

此书法为郭陇村仰仁里门楼装饰，灰塑阴刻。"纸墨""都下"两幅高72厘米，宽78厘米；"宜秔秜""小有佳趣"两幅高72厘米，宽83厘米。字径10～15厘米不等。款识有三：癸丑秋秋月，十半道人书，民国三年秋月钟麟。民国癸丑年即民国二年（1913）。该作品线条腾挪扭转，满篇似枯藤挂壁，别具一格，不落俗套。全文如下：

（一）纸墨颇佳，殊可发兴也。惠州西南五里所，名半径，皆美田。癸丑秋七月
（二）宜秔秜。自丰湖泛舟可至焉。前辈有诗云：半径雨余香，十半道人书
（三）都下春色已盛，但块然独处，无与为乐。所居斋前有小花圃，课童种菜，亦
（四）小有佳趣，傍宜秋门，皆高槐古柳，一似山居，颇便野性也。横看成岭侧成峰。
民国二年秋月钟麟

钟麟　字献壮，号纯济道人，江苏溧阳人。民国时著名儒商，曾资助徐悲鸿学业，徐悲鸿称其为"寄父"。工书法，颇不俗。

65. 林枚书法（民国三年，1914）

此为梅溪村一书斋正厅闪门题刻，共八幅，每幅高约 120 厘米，宽约 60 厘米，楷书阴刻。该作品宗法颜鲁公，雍容华贵，方正开张，当为其精品力作。文末钤印：寔庵、□□。

全文如下：

恭录　朱夫子治家格言

黎明即起，洒扫庭除，要内外整洁。既昏便息，关锁门户，必亲自检点。一粥一饭，当思来处不易；半丝半缕，恒念物力维艰。宜未雨而绸缪，毋临渴而掘井。自奉必须俭约，宴客切勿留连。器具质而洁，瓦缶胜金玉。饮食约而精，园蔬愈珍馐。勿营华屋，勿谋良田。

三姑六婆，寔淫盗之媒。婢美妾娇，非闺房之福。童仆勿用俊美，妻妾切忌艳妆。祖宗虽远，祭祀不可不诚。子孙虽愚，经书不可不读。居身务期质朴，教子要有义方。勿贪意外之财，勿饮过量之酒。

与肩挑贸易，勿占便宜。见贫苦亲邻，须多温恤。刻薄成家，理无久享。伦常乖舛，立见消亡。兄弟叔侄，须多分润寡。长幼内外，宜法属辞严。听妇言，乖骨肉，岂是丈夫。薄父母，重资财，不成人子。嫁女择佳婿，无索重聘。娶媳求淑女，毋计厚奁。

见富贵而生谄容者，最可耻。遇贫穷而作骄态者，贱莫甚。居家戒争讼，讼则终凶。处世戒多言，言多必失。毋恃势力而凌逼孤寡，勿贪口腹而恣杀生灵。乖僻自是，悔误必多。颓惰自甘，家道难成。狎昵恶少，久必受其累。屈志老成，急则可相依。轻听发言，焉知非人之谮诉，当忍耐三思。因事相争，安知非我之不是，须平心暗想。

施惠无念，受恩莫忘。凡事当留余地，得意不宜再往。人有喜庆，不可生妒嫉心。人有祸患，不可生喜幸心。善欲人见，不是真善。恶恐人知，便是大恶。见色而起淫心，报在妻女。匿怨而用暗箭，祸延子孙。

家门和顺，虽饔飧不继，亦有余欢。国课早完，即囊橐无余，自得至乐。读书志在圣贤，为官心存君国。守分安命，顺时听天。为人若此，庶乎近焉。

时在民国三年，岁在甲寅季夏月榖旦题

寔庵，林枚书

林枚（1881—1935）　字适庵、硕庵，揭阳市区人，清代光绪二十七年（1901）举人，署广西贵县知事，历任清远、梅县等县知县。晚年执教于榕江中学，书法宗颜鲁公，诗文亦佳，与兄林堉齐名。

宜未雨而绸缪，毋临渴而掘井。自奉必须俭约，宴客切勿流连。器具质而洁，瓦缶胜金玉；饮食约而精，园蔬愈珍馐。勿营华屋，勿谋良田。三姑六婆，实淫盗之媒；婢美妾娇，非闺房之福。

朱子治家格言

黎明即起，洒扫庭除，要内外整洁；既昏便息，关锁门户，必亲自检点。一粥一饭，当思来处不易；半丝半缕，恒念物力维艰。

典父高倫常乖舛立見消亡兄弟政延
衡分多潤寡長幼內外宜法蕭鄰嚴睦
揭言乖骨肉豈先文夫禮父母重齊計
吾家人子娶女擇任婦無索重財里娼
家須女勿計厚奩見富貴尚生諂否者

使子弟從幼忌艷裾祖宗雖遠祭祀不
可不誠行於雖愚經書不可不讀居身
務期簡朴教子要有義方勿貪意外之
財勿飲過量之酒與肩挑貿易毋仕便
宜見窮苦親鄰須多溫恤刻薄成家理

屈志老成忌則可相依輕聽發言安知
非人之譖訴當忍耐三思因事相爭焉
知非我之不是須平心暗想思忿無念
受恩莫忘凡事當留餘地得意不宜再
往人有喜慶不可生妒嫉心人有禍患

最可恥遇貧窮而作驕態者賤莫甚居
家戒爭訟訟則終凶處世戒多言言多
必失毋恃勢力而凌逼孤寡毋貪口腹
而恣殺生牲禽乖僻自是悔誤必多頹
堕自甘家道難成卹孤念寡外必受其累

官忠存菩固守分安命順時聽天為之

若此庶乎近焉

民國三年歲在甲寅季夏月穀旦題

寒庵林□書

忿自返事幸心善欲人見子弟行真惡

恐人知便是大惡見己□而□□征

喜不自醫怨而周暗箭禍延子孫家門和

順雞養飲不繼亦有餘歡國課早完印

種種□□無餘自得至樂讀書至樂在聖賢□

66. 郭氏宗祠题刻（民国七年，1918）

此题刻系郭陇村开合祠（现为郭一村委会）门楼铭文，高125厘米，宽60厘米，石质阴刻。款识：时在戊午年仲春月，榕江林堉拜撰，林兆凤拜书。此处的戊午年即民国七年（1918）。

铭文如下：

浩浩长江，崴崴高冈，山明水媚，郭公之堂，棋峰环列，湖溪回翔，鬼神呵护，蛟龙遁藏，长松千尺，郁乎苍苍，玉简右峙，如圭如璋；川原起伏，菁华耀目，大块文章，含宏渊穆，仁里所居，德门是卜，廓乎有容，精灵久蓄，克昌尔后，永锡多福，子子孙孙，以固邦族；遥遥华系，汾阳后裔，霭霭家风，双阙门第，世德相承，代有令誉，谱牒辉煌，簪缨不替，惟木有枝，惟玉有苗，林森桂树，崐毓琼瑶；子孙维贤，继往承先，顾念祖德，有善必扬，经之营之，百世馨香，佑启后人，寝炽寝昌，泐石为铭，亿祀勿刊。

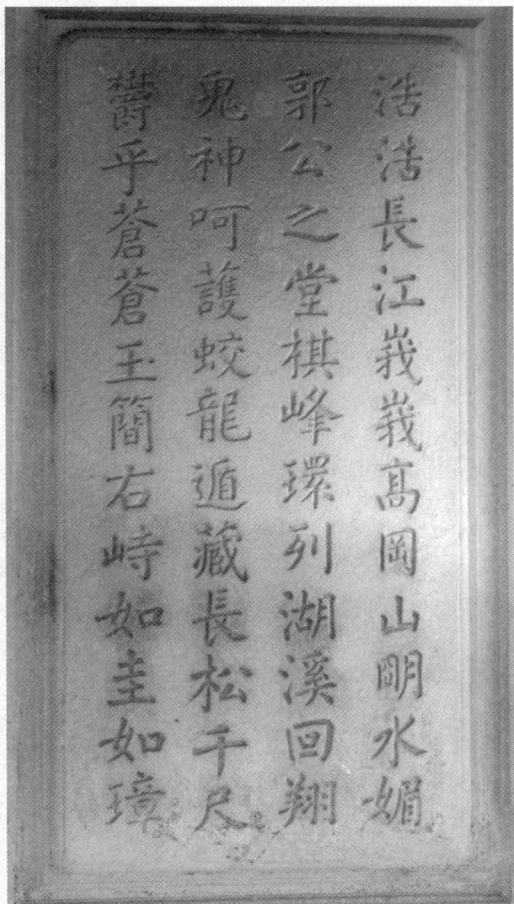

子孫維賢繼往承先顧念祖德
有善必揚經之營之百世馨香
佑啓後人寢熾寖昌渤石為銘
億禩勿刊
時在戊午年仲春月榕江村　培拜撰
林兆鳳拜書

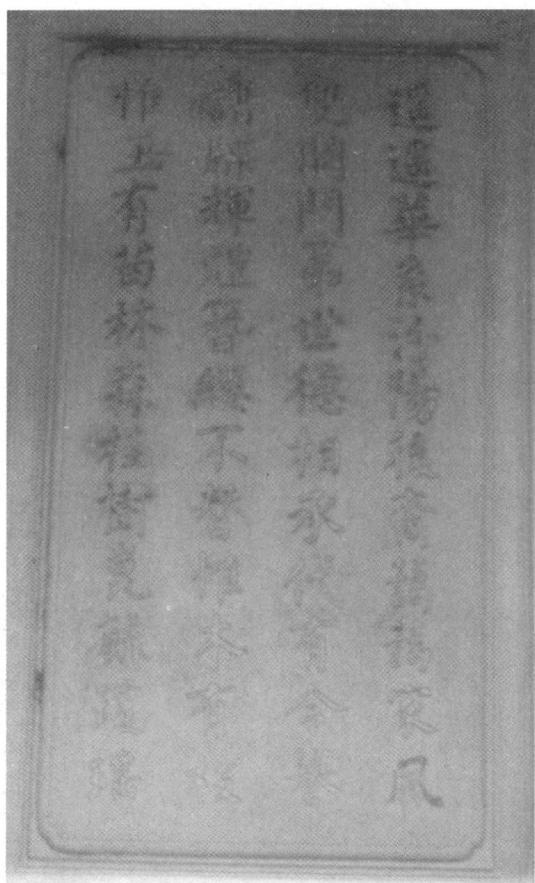

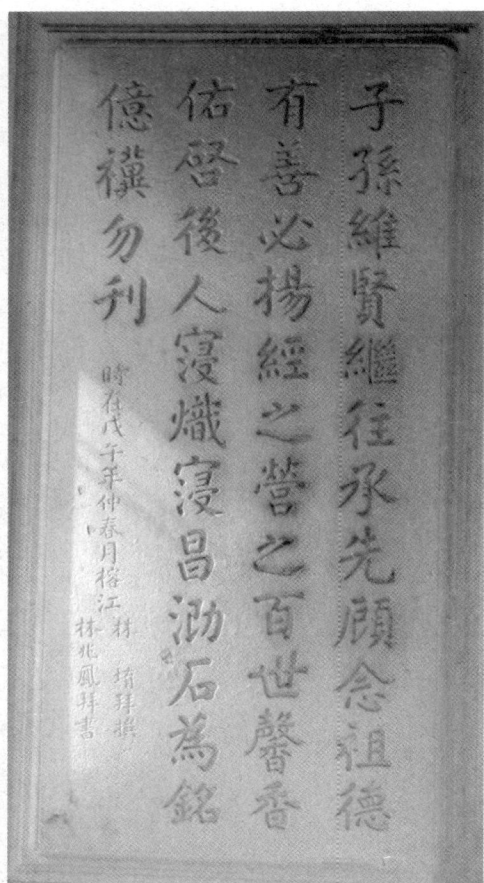

　　林堉（1876—1943）　原名宪，字君厚，号厚庵，晚署心园居士，揭阳人。清光绪二十年（1894）举人，拣选知县，曾任榕江学堂校长，1921年12月至1924年3月任揭阳县长，后任广东省参议会议员。工诗擅书，书宗颜鲁公，再师王右军，晚年更臻圆熟。

　　林兆凤（1851—1922）　字桐荪，揭阳磐东乔林村人，清末附贡生，县丞衔，1916年任揭阳团练总局局长。擅长书法，宗颜鲁公、黄鲁直。

67. 郑鲁书法（民国九年，1920）

此石刻为外文村永安里"弘农旧家"门楼装饰，隶书，灰塑阴刻。该作品朴实圆浑，古雅庄重，气息内敛。全文如下：

（一）华堂轮奂乐安居，诗礼传家庆有余。余荫自来由积善，更看驷马大门闾。庚申秋之月中浣

（二）创业垂基心力殚，美轮美奂乐盘桓。仁听三祝三斯颂，承庆鳣堂集大观。郑筱亭隶　钤印：郑鲁、筱亭。

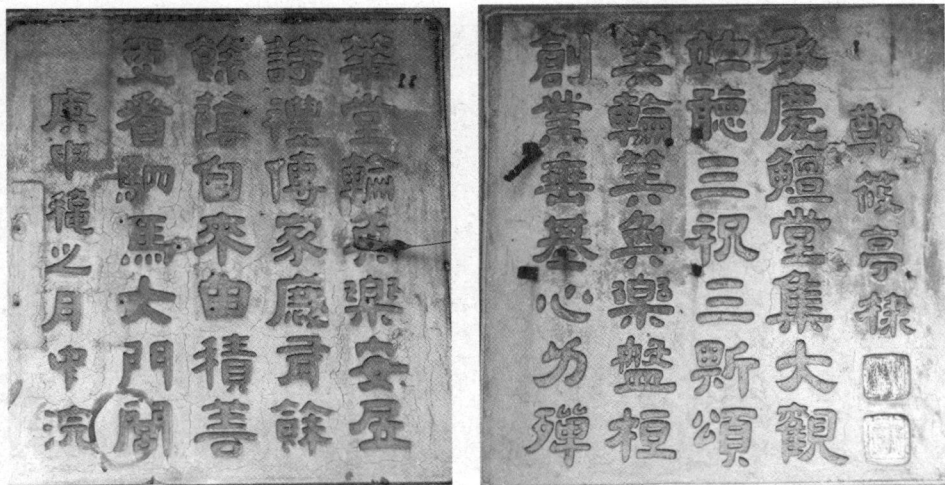

林厝村祠堂大门门肚有其行书题刻，原为灰塑，几年前重修时改为石刻。内容如下：

（一）念前人创业维艰，毋怠毋荒，共展孝思光令绪。中华民国己未秋
在今日统垂可冀，克勤克俭，好将步武振徽猷。菖蒲山馆郑希参。钤印：希参。
（二）处世有何方，与让与仁，共守家规敦古道。龙溪书于秋月
亢宗无别法，克勤克俭，各安生计裕良图。慎参氏涂。钤印：慎参。
（三）鸟之革，翚之飞，寝庙既成，是餐是宜，昭穆宛然如昨。时在己未菊秋之月
上则栋下则宇，祖考来格，以妥以侑，观瞻从此一新。师古堂郑一经。钤印：一经。

郑鲁（1881—1947） 字筱亭，也作小亭，号一经、山寿、希参等，庵埠人，民间书法家。行、楷、隶、篆各体，均能适应市场需要，颇受群众喜爱。隶书尤为出色，古雅庄重，淳朴雍容。

68. 真君庙（民国九年，1920年）

此匾为官路村真君庙门额，石质阳刻。右款：民国庚申年葭月重修；左款：张震合号喜敬；钤印：郑小亭书。为清末民国庵埠知名书法家郑鲁所书（作者资料详见"郑鲁书法"篇）。该作品字体丰腴，庄重劲美。此处的民国庚申年即民国九年（1920）。

"普照万方"为门额背后题刻，灰塑阴刻。款识：庚申冬郑一经书。钤印：一经。亦为郑鲁所书。

69. 许汝群书法（民国十年，1921）

此本刻为文里村文里新庄（俗称"新玉成"）南北厅门扇题刻，隶书，木质阴刻。每幅高290厘米，宽55厘米，全文竖排，每扇三行，行22字，字径11厘米，末两行署年月及作者姓名。款识中的辛酉指民国辛酉年，即民国十年（1921）。文末钤印：牧时、许汝群印。

全文如下：

仕宦而至将相，富贵而归故乡。此人情之所荣，而今昔之所同也。

盖士方穷时，困厄闾里，庸人孺子，皆得易而侮之。若季子不礼于其嫂，买臣见弃于其妻。一旦高车驷马，旗旄导前，而骑卒拥后，夹道之人，相与骈肩累迹，瞻望咨嗟；而所谓庸夫愚妇者，奔走骇汗，羞愧俯伏，以自悔罪于车尘马足之间。此一介之士，得志于当时，而意气之盛，昔人比之衣锦之荣者也。

惟大丞相魏国公则不然。公，相人也，世有令德，为时名卿。自公少时，已擢高科，登显仕。海内之士，闻下风而望余光者，盖亦有年矣。所谓将相而富贵，皆公所宜素有；非如穷厄之人，侥幸得志于一时，出于庸夫愚妇之不意，以惊骇而夸耀之也。然则高牙大纛，不足为公荣；桓圭衮冕，不足为公贵。惟德被生民，而功施社稷，勒之金石，播之声诗，以耀后世而垂无穷，此公之志，而士亦以此望于公也。岂止夸一时而荣一乡哉！

公在至和中，尝以武康之节，来治于相，乃作昼锦之堂于后圃。既又刻诗于石，以遗相人。其言以快恩仇、矜名誉为可薄，盖不以昔人所夸者为荣，而以为戒。于此见公之视富贵为何如，而其志岂易量哉！故能出入将相，勤劳王家，而夷险一节。至于临大事，决大议，垂绅正笏，不动声色，而措天下于泰山之安：可谓社稷之臣矣！其丰功盛烈，所以铭彝鼎而被弦歌者，乃邦家之光，非闾里之荣也。

余虽不获登公之堂，幸尝窃诵公之诗，乐公之志有成，而喜为天下道也。于是乎书。

时在辛酉孟夏之月书欧阳文忠公相州书锦堂记以应缵文仁翁大人雅正，世侄许汝群书。

杨缵文（1881—1967） 原名诗籍，文里村人。其父早年在新加坡创立"玉成号"布庄，曾祖父、祖父、父皆赠奉直大夫，杨缵文则封赠赏戴蓝翎光禄寺署正。杨氏自幼好读，潜心国学。光绪二十四年（1898）南渡星洲，继承家业，三十四年创"永元号"专营土特产，又创"成美"金庄，经营黄金首饰，遂成南洋巨贾。热心公益事业，1911年韩江决堤、1918年潮汕地震、1922年潮汕风灾皆及时发动捐款救灾；先后与人创办端蒙学校、南洋华侨中学、南洋大学、新加坡中华总商会、新加坡潮州八邑会馆、广东会馆、潮安会馆等。黎元洪曾授予其六等嘉禾章，1950年荣膺英皇乔治六世SCH荣誉奖状及奖章，1964年获新加坡元首颁赐的公共服务星章等。

许汝群 待考。

70. 我潮之光（民国十二年，1923）

全文如下：

潮人之服贾南洋者，未数甚多，其能慷慨好义、以国家为心、桑梓为怀者，未数数靓也。张君永福尝在本所演说云："南洋潮侨多自满自足，偶一得志，辄目指气使，尽情极势，且乏团结精神，不问国家社会事业。"呜呼！张君之言何其深刻切中也，非眼光远大，阅历宏富，曷能言之凿凿，而作斯警钟之鸣耶！虽然，铁中固有铮铮者，则杨君敬好是也。

杨君宅心博爱，行本互助，尤以桑梓为怀，国家为心，挽近之赞裹国事也，整顿本公所也，倡办培才学校也，凡此种种，尤其著也。因特额之曰"我潮之光"，岂过誉乎！噫嘻！方今国本飘摇，社会桑梓多故，君无负乡里，吾知后此必裨于时艰也，君其勉旃！

中华民国十二年春月，南洋雪兰莪潮州八邑公所仝人赠。许甦魂撰，黄宽卿书

此碑刻现存于文里村石鼓仔"弘农旧家"（华侨杨敬好旧居）门额背面，阴刻，宽142厘米，高68厘米。"我潮之光"字径约12厘米，以标准颜体书写，雍容端庄。字径约5厘米，左旁起笔偏长斜拉，近似黄庭坚"松风阁"。

　　黄寔卿（1890—1963）　号"江夏伯子"，普宁人，41岁赴马来西亚，1923年创办培才学校，任校长，1934年倡议组织全马潮州会馆联合总会。诗书皆擅，书法笔力高古，宗郑板桥。1955年举办书法展，为培才学校筹款增建校舍。

　　许甦魂（1896—1931）　原名统绪，乳名炎松，庵埠凤岐村人。幼年家贫，1912年因丧父而到百货店当店员。1916年赴新加坡当店员。1917年出资创办华侨工人夜校，并任教员。1921年任新加坡《益群日报》编辑。1924年加入共产党，曾任红七军、红八军宣传科长，十九师政治部主任，军政治部主任，前委委员。1931年任红七军政治部主任。

　　杨敬好（1869—1946）　文里村人，弱冠南渡，从商于吉隆坡。创办合境有限公司和永兴酒庄，经营欧美罐头名酒。热心教育事业，倡办培才学校。历任南洋雪兰莪潮州八邑会馆馆长、吉隆坡培才学校总理、广东义山产业信托人、仙师爷庙产总理等职。1946年卒于吉隆坡，出殡时中外执绋者数千人。

71. 灵和寺（民国十二年，1923）

此匾为灵和寺山门匾额，宽 160 厘米，高 43 厘米，石质阳文。右款：民国十二年秋月重修；左款：林纯儒敬题。钤印：?、林纯儒印。阴刻。此书笔画丰腴圆润，精气内敛。

灵和寺　俗称观音堂。寺在竹排街头，创建年代不详，明林熙春扩建，并在左旁增建先达崇享祠及文阁，历经多次重修。日陷时期，智诚法师为祈祷世界和平而在寺中闭关三年，刺舌血书写《法华经》81 卷，现存于潮州开元寺。

林纯儒（1854—1933）　字小迂，庵埠乔林村人，清末贡生。工诗词，有不少作品传世。1914 年经其倡议，桥边林与上乡林二村合并为乔林村。

72. 南邨（民国十四年，1925）

此匾为民国时期饶平县县长陈小豪故居门额，位于陈厝街魏厝池，宽106厘米，高52厘米。字径高27厘米，宽37厘米，灰塑阴刻。上款：乙丑重九；下款：陈景仁书。此处的乙丑指民国乙丑年，即民国十四年（1925）。该作品为陈氏以其最擅长之隶书写就，用笔沉实，抑扬顿挫，呈现古朴典雅之气。

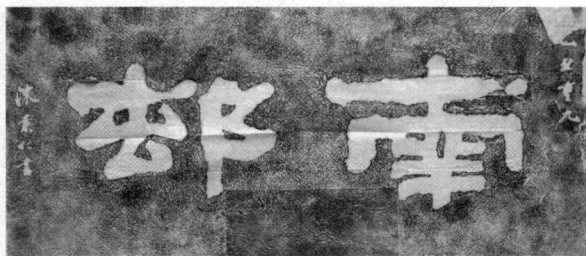

陈景仁　字云秋，今潮州市彩塘镇金砂村人，清末贡生。曾参与康有为"公车上书"，失败后回汕头办报。陈氏自幼研习历代名帖，善写各种书体，尤擅隶书，深得《史晨碑》《张迁碑》真髓，古朴有力，金石味浓，形神兼备。潮汕各地凡宗祠、庙宇、民居多能见其作品。

陈小豪（1888—1950）　庵埠中兴社区陈厝街人，民国初毕业于汕头华英中学。1916年创办转坤女校于家乡天方书屋，1918年创汕头《民声日报》，1924年与乡绅王少文倡办龙溪中学。1926年赴广州任国民革命军总部秘书，后出任饶平县长。1927年任龙溪中学校长，并亲授应用文及书法。陈小豪能诗善对，又擅书法，曾有书法作品选 南京全国书法展，著有《南村存稿》，已佚。

73. 郭烓书法（民国十八年，1929）

　　此石刻为薛陇村静养书庄主座大夫第门楼装饰，正面宽 59 厘米，高 83 厘米；左右宽 49 厘米，高 83 厘米，石质阴刻。落款时间为己巳暑月，此处的己巳即民国十八年（1929）。该书取法两王，劲健秀美，妍媚流畅。另府第中对联及书斋壁饰亦为其所书。

　　（一）有西都宾问于东都主人曰："盖闻皇汉之初经营也，尝有意乎都河洛矣。辍而弗康，实用西迁，作我上都，主人闻其故而

　　（二）睹其制乎？"主人曰："未也。愿宾摅怀旧之蓄念，发思古之幽情，博我以皇都，弘我以汉京。"宾曰："唯。"汉之西都，在于雍州。①

　　（三）竹屋护藤花，柴门带晚霞。蝉鸣残照树，人宿老农家。落叶供炊饭，清风催煮茶。己巳暑月。

　　（四）村翁时并坐，皓首话桑麻。有寺在云间，往来溪一湾。风船无用桨，花涧自通山。郭照庭书。

　　郭烓（1873—1946）　字照庭，清末秀才，今潮州市区人。秉承家学，自幼勤学书法，遍临古今名帖，练就一手好字。楷、行、草、隶、篆各体均能书。其作品雅俗共赏，颇受大众欢迎。

---

①　以上两幅内容出自东汉班固《西都赋》。

村舍时迁生晚首话
桑麻而寺庄云间往
东溪一湾风船世用
桨花涧自通山 郑□庵 书

竹屋护篆花柴门带
晚露蝉鸣残蛩促人信
登装家荒菜供牧饭
传风催耕巳巳春月

74. 抗暴御侮^①（民国二十三年，1934）

　　此匾为宝陇村通济桥头炮楼正面匾额，宽 200 厘米、高 55 厘米，灰塑阴刻。右款：甲戌五月；左款：揭二二师二团二营监建。此处的甲戌指民国甲戌年，即民国二十三年（1934）。匾额为美术体，在题刻中较少见。（图为笔者据原匾摹写）

　　上图圆圈处为匾额，色彩脱落，字迹难辨。

　　另，笔者在澄海渡头村韩江大堤上也发现一座三层碉楼，匾额为"绥平楼"，右款"民国廿三年"，左款"罗定中奠基"。刚好与此楼落款"甲戌"（1934）相符，应是同时同人所建。经查，罗基（1905—1965），湖南邵阳人，民国时期曾任湖南衡阳空军司令，是否与上文同一人，尚待考证。

---

　　① 抗暴御侮：根据《庵埠志》大事记："1934 年 5 月 28 日，国民党罗基营以搜捕参加革命活动者包围宝陇乡，……嗣后罗在宝陇、刘陇诸乡筑岗楼，令所在自购枪械抗暴御侮。"

75. 承先堂（民国二十四年，1935）

此匾为庄陇村庄氏宗祠后厅匾额，木质阴刻。右款：乙亥仲秋；左款：裔孙寿彭敬题。此处的乙亥指民国乙亥年，即民国二十四年（1935）。该作品学自魏碑，渗以赵之谦书风，方劲有力，锋芒凌厉，崎侧峻峭，形成独特艺术风格。

庄寿彭（1885—?）　出生于书香世家，家住潮州市城南池仔内庄。民国十二年（1923）任普宁县知事，历任潮州商会会长，汕头公安局长（洪兆麟时期）等职。1933年重建庄氏宗祠时鼎力支持，发动各地宗亲协力建成宗祠，并亲书匾额。他还是当地著名书法家，对魏碑深有研究，当时城内商家招牌多出自其手。其长子庄嵩岳亦为书法名家，次子庄华岳则为著名画家。

76. 庄氏宗祠（民国二十四年，1935）

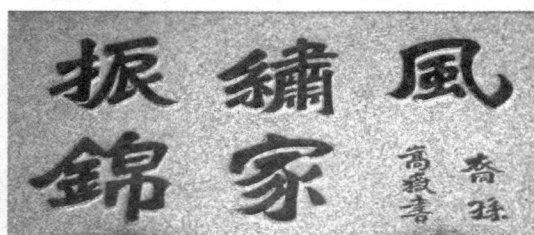

莊氏宗祠

縣桃源世澤
乙亥　孝签

風繡振錦家
喬珏　高嶽書

錦繡家聲

桃源世澤

莊受而講明種宗為言尊廟
為言貌猶是望前光而思迪
也蓋準前朝後市之度剔廟
制居左為先

遠流萬長
祖開憑低者為廟也源既
而定盍身而自出者為宗
時而
感春露秋霜之思剔禮法因

此石刻为庄陇乡庄氏宗祠及门楼壁饰，门额宽 170 厘米，高 68 厘米，字径 40 厘米。石质阳文，无款。右额为"绵桃源世泽，乙亥季冬"，左额为"振锦绣家风，裔孙庄嵩岳书"。各宽 126 厘米，高 68 厘米，字径 25 厘米，石质阳文。

右壁内容为："主鬯而讲明，禋宗为言，尊庙为言，貌犹是，望前光而思迪也。盖凖前朝后市之度，则庙制居左为先，乙亥孟冬之月。"左壁内容为："感春露秋霜之思，则礼法因时而定。盖身所出者为宗，而祖所凭依者为庙也，源既远而流乃长。裔孙庄嵩岳谨书。"每幅高 202 厘米，宽 71 厘米，字径 15 厘米，水泥质地阴刻。

对联内容为："桃源世泽，锦绣家声。"高 204 厘米，宽 22 厘米，字径约 17 厘米，水泥质地阴刻。

该祠初建于明代，现保存民国时期重修样貌，门面题刻皆为庄氏后裔书法家庄嵩岳所书。

庄嵩岳　潮州城内人，民国初年在潮州开办达兴米行。民国二十九年（1940），即潮州城沦陷翌年，潮安县县长吴履泰令庄嵩岳到归湖镇溪美乡恢复潮安县商会活动，并委任其为临时主席。民国三十四年（1945）九月潮州光复。潮安县商会从归湖迁回府城，后任潮安县商会第十市第十一任理事长，后任潮安县参议长。

77. 檀信①归依②增福慧（民国二十四年，1935）

此碑石现立于灵和寺天井中，高120厘米，宽50厘米，石质阴刻。款识：民国廿四年春日觉题。钤印：觉。该作品用笔清劲，结体瘦长，灵秀端庄，寓千斤笔力于无迹。

---

① 檀信：意与施主相同，谓修檀行的信士。
② 归依：亦称皈依，原指佛教的三皈依，是佛门为佛教徒所举行的进门仪式，后泛指参加宗教组织。

78. 颐养天和（民国二十四年，1935）

此匾现挂于郭陇村大宗祠，系民国时期村中一百零三岁老人郭修进所立。右款：为潮安县寿民郭修进行略①题；左款：中华民国二十四年六月广东民政厅厅长林翼中赠。书体取法北碑，用笔老到，线条苍劲，近似《石门铭》笔意。

清末民国时期，龙坑村民间艺人郭绍意（字重华）为郭修进塑泥像（见下图）。

林翼中（1887—1984）　广西合浦人，名家相，字翼中。毕业于廉州中学，1905年加入同盟会。1925年后历任陈济棠部政训处处长、政务处处长、广东省民政厅厅长、国民政府农林部次长、广东省参议会议长。1949年移居香港，为香港崇正总会理事长。著有《苏俄现状一瞥》《广东地方纪要》。

---

① 行略：意为生平事迹梗概。

79. 大崎桥（民国三十七年，1948）

此记刻于文里村大崎桥引桥石梁侧面。桥凌驾于崎沟之上（原为沉水桥），沟通文里村与刘陇村，为旧时内洋诸乡通往"庵埠寨"之要道。"大崎桥"三字横排，字径约20厘米；碑文竖排19行，每行3字，字径约8厘米，隶书，阴刻。

碑文为：

大崎桥。桥于明初由西畴美永思堂创建，民国廿二年重修。兹诸君子复热心慨捐巨资，扩其规模，光大交通之利，洵宜驻足思矣。民国卅七年冬陈素书。

大崎桥文中记为西畴美陈氏所建，但《海阳县志》则载："大崎桥在西陇乡北门前，明御史杨琠建。"具体有待考证。

　　陈素（1893—1981）　　庵埠水吼村人，字予龄，号无那、慎五。毕业于广东法政专门学校。十八岁加入同盟会，参加学生军光复潮汕。曾担任《大风》《民苏》《汕头星报》主编。二十五岁加入柳亚子等人发起的南社。陈氏曾任国民党广东省党部第一特设办事处党务科士、大元帅大本营特务委员、普宁县长、饶平县长。1926 年参加北伐战争，在湖北武汉创办《中山日报》，并任嘉鱼县长。抗战胜利后选为国民党第一届立法委员。1949 年赴台湾，晚年养兰吟诗，寄情于书法，著有《东海吟草》。曾任台北市潮州同乡会副主任（主任为刘侯武）。

80. 南华（民国，年份不详）

此匾为陈小豪故居书斋门额，灰塑阴刻，高40厘米，宽80厘米。字径高28厘米，宽22厘米，现"南"字已风化成粉末状。（图为拓片，"南"字系笔者依原字摹写）款识：于右任。钤印：右任。

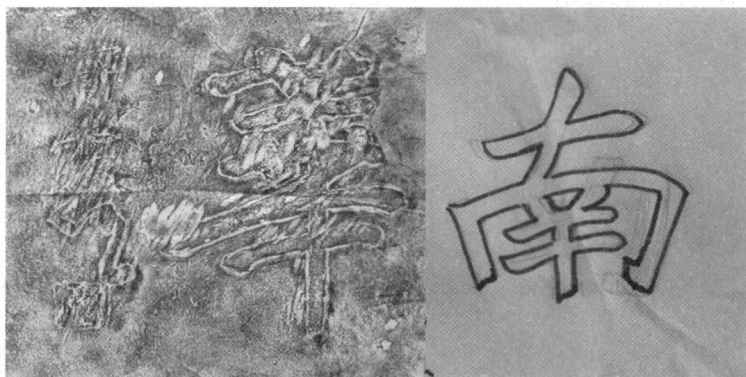

陈小豪　见"南邨"篇。

于右任（1879—1964）　原名伯循，字右任，陕西三原县人，诗人，书法家。25岁时中举，1906年加入同盟会，1912年起在南京临时政府任职，后长期担任国民政府监察院长，1949年迁台湾。书法初学赵体，后潜心于北魏碑刻，尤得力于《郑羲碑》《石门铭》，善草书，以碑入草，宽博潇洒。编著有《标准草书》《右任文存》等。

81. 鄞鹏兰画（民国，年份不详）

此画为刘陇村中宪第门楼装饰，高 67 厘米，宽 34 厘米，石质阴刻。

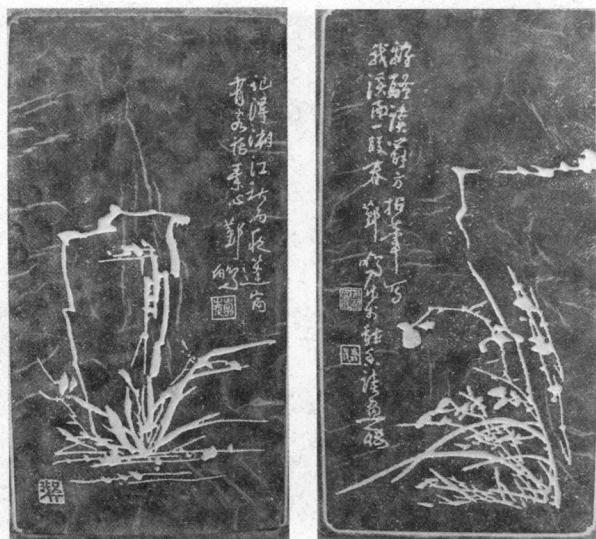

一款：离骚读罢方拈笔，写我溪南一段春。鄞鹏作于听香读画楼。钤印：□、霭先。

一款：记得潮江秋雨夜，蓬蒿有客话素心。鄞鹏。钤印：霭先。

门壁另有陈熙（字穆之）竹画两幅，不知何许人，待考。

鄞鹏　庵埠人，民国时期画家，擅画水墨兰花。该作品线条凝练，抑扬顿挫，构图简约，给人以空灵之感。

82. 郭氏家庙（民国，年份不详）

　　该石匾原为郭陇村大宗祠门额，后祠改为木质门楼，遂弃。现存于德翁公祠中。村中耆老口传为郭春所书应不假，因"郭"字与郭春一门落款书写风格一致。该作品书体雍容恬静，遒劲俊美。

　　郭春　清末秀才，潮州府城人，擅书法，行草俊逸，楷书亦佳。长子郭坤，长孙郭幼生，次子郭烓，孙郭少庭，继承家学，皆擅书法，人称"郭家字"。

83. 龙溪中学（民国，年份不详）

　　此匾为民国时期龙溪中学校名（该图系从龙溪中学老校友旧藏照片中发现，约拍摄于 20 世纪 30 年代，地点为文祠山门前），款识：于右任。匾额中"校"字应为后加，风格为隶书。该作品以碑为架，渗以行书笔法，字形斜飞，寓灵动于方正中，在于右任书法作品中较为少见。

　　于右任　见"南华"篇。

　　龙溪中学　庵埠镇第一所中学，由王少文等人倡办于 1924 年，以官里村龙溪书院为校址，延聘余心一为首任校长。1933 年改称潮安县立龙溪中学，1939 年至 1945 年沦陷时期停办。1950 年潮安军管会委陈师实（校长）接收该校，改名潮安第五初级中学，1952 年迁往太和埠。1958 年扩建为完全中学，改称潮安第五中学。"文革"时期称抗大中学，1972 年称庵埠中学，1990 年恢复校名龙溪中学，每年 10 月 22 日为校庆纪念日。

84. 錞祖公厅（民国，年份不详）

　　此匾为美乡村四房公厅门额，宽150厘米，高50厘米；字径30厘米；款识：裔孙小豪敬书。字径7厘米。正文及款识皆为灰塑阳文，此书学自北碑，线条雄健，奇崎开张，颇为不俗。

　　陈小豪　见"南邨"篇。

85. 天乎莫问（民国，年份不详）

　　该匾额原弃置于宝陇村道旁，笔者曾将其移至村中"新围内"保存，后老屋重修，被村民连同废土及另一石刻"棠棣凋零"匾额（款识似为民国六年）一起丢弃，殊为可惜。该匾宽110厘米，高30厘米，厚15厘米；字径：高20厘米，宽15厘米，正书阴刻。款识：王星拱题。正书阴刻。该作品学自赵孟頫，用笔沉稳，宽绰秀美，平中寓险。

　　据村中耆老介绍，20世纪40年代，宝陇村人揭阳县长林祖泽有一双儿女（有说一人）毕业于中山大学，在一次乘火船赴港途中发生海难溺亡，林祖泽痛惜不已，思念弥深，便在家乡建碑亭纪念。后来碑亭被拆毁（有说没建成），构件散落，此为构件之一。村中还保存有一两米多长石质方柱形攒顶纪念碑，据说碑文为"珠沉碧海"，恰好与民间所传一致。

　　王星拱（1888—1949）　字抚五，安徽怀宁县人，著名教育家、化学家，毕业于英国伦敦大学帝国科学技术学院。1910年加入同盟会欧洲支部，1916年获硕士学位回国，任国立北京大学教授，常在《新青年》等刊物发表文章，宣传科学。1928年任安徽大学校长，后与李四光等人筹建国立武汉大学，1933年出任武汉大学校长，后转任中山大学校长。1949年病逝于上海，被市长陈毅誉为"一代完人"。

86. 陈兆五篆书（民国，年份不详）

此四幅书法作品刻于薛陇村"与德为邻"民居大门门壁，灰塑阴刻。全文如下：

（一）叔□父作，孟尊簋□，□眉寿永，令便生万年无疆用享。
（二）上林苑官铜鼎，鼎盖重八斤十二两，工史榆造，监工黄佐、李负刍。

此两幅应是临摹铜鼎、铜簋铭文，篆书，字体误写较多，难辨。宽63厘米，高86厘米，字径约9厘米。

（三）君昔在黾池，修崤嵚之道，德治精通，致黄龙、白鹿、嘉禾之瑞，故图画其像。兆五。
（四）木连理，王者德纯洽，八方为一家，则木连理生。璧流离，王者不隐过，则至。果甫龄。

此两幅①应是临摹《西狭颂》祥瑞图的题记，隶书，宽76厘米，高86厘米，字径约9厘米。

陈昌龄（1879—?）　字兆五，号果甫、愚甫、愚翁等，海阳县龙溪都义龙村（今潮安庵埠镇陈厝街）人。自幼天资聪颖，刻苦学习任伯年等名家技法，临摹作品几可乱真。书法学秦篆汉隶，古雅纯朴，得金石之美。篆刻从两汉入手，上窥周秦玺印，下兼穆父、缶翁之长。谭泽闿评价其作品"精治六法，擅写篆隶，由汉唐诸碑，上溯周秦石刻，尤能融会贯通，画则远绍宋元，近法明清诸大家"。

民国初在汕头创建画社，与岭东名流高振之、王敏庵、林损秋、陈炎初、黄吏庭，挥毫治印，相互切磋。曾往上海与王一亭、吴待秋、谢公展、黄宾虹、叶誉虎、杨千里、王个簃诸海上名家交流切磋，有不少合作作品存世。陈昌龄喜收藏善鉴定，曾收藏名家纨扇百余把，名其斋曰"百纨斋"。

---

① "君昔""木连"两碑内容皆为"西狭颂"题记。

上林苑官銅
泉县善臺八
尺十二兩工史
榆造工黄
作……李負審

矢……以此
盉……段殷
郭……
令……生兴
薐僵用食

术連理玉者德
純治八方為一
家則木連理生
璧深離王者不
隱過則至
吴昌碩

君昔在黽池脩
峤嶽之道德治
精通瑂黄龍白
鹿嘉禾之瑞故
圖畫其像

87. 宋子文书法（民国，年份不详）

此题刻为龙坑村芳园大门门壁铭文，高 78 厘米，宽 34 厘米，灰塑阴刻。铭文曰："落花无言，幽鸟相逐；可人如玉，清风与归。"① 字径 12 厘米。款识：夏月、子文书，字径约 6 厘米。

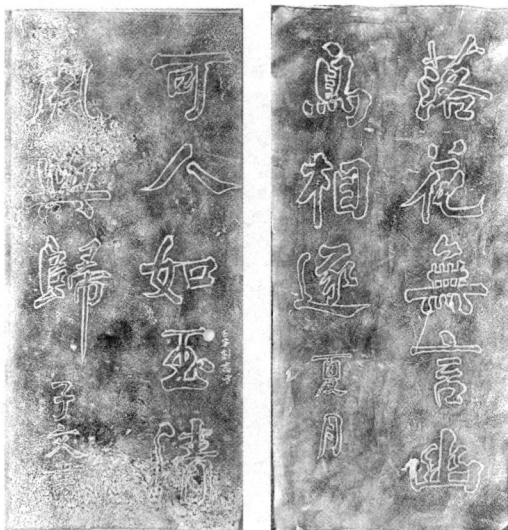

该作品以颜体为架，楷行结合，雍容华贵，端正而不板滞。

宋子文（1894—1971）　海南文昌人，早年毕业于上海圣约翰大学，后赴美国哈佛大学攻读经济学，获硕士学位，继入哥伦比亚大学深造获博士学位。1925 年任国民政府财政部长；1942 年担任外交部部长；1945 年出席联合国大会任中国首席代表。1949 年移居香港，后定居美国，1971 年在旧金山逝世。

---

① "落花、可人"句：蔡佛田集句，出自司空图《二十四诗品》。

88. 南华居（民国，年份不详）

此匾为文里村庄氏家庙旁书斋门额，宽 105 厘米，高 48 厘米，字径约 25 厘米，石质阴刻。款识：嵩岳。该作品继承其父庄寿彭书风，深得赵之谦遗韵，糅行书与魏碑于一体，遒劲有力，柔中寓刚，独具风格。

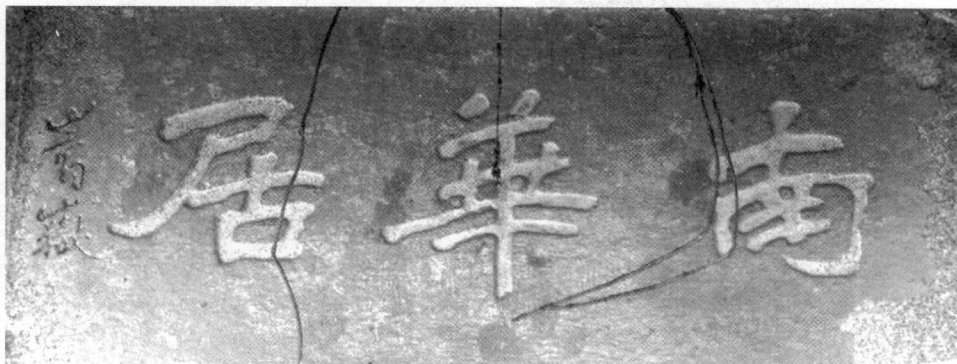

庄嵩岳　见"庄氏祠堂"篇。

89. 缅先亭 （1983）

此匾为革命烈士纪念碑陵园缅先亭匾额，木质阴刻。右款：癸亥年立；左款：林诗渠书。钤印：林诗渠。此处的癸亥年指 1983 年。该作品学自颜真卿，雍容厚重，结体宽博。

　　林诗渠（1935—1997）　　澄海樟林人，曾任潮州市江东公社党委办公室主任、枫溪公社党委书记，1976 年至 1983 年任庵埠公社党委书记。其时"文革"刚结束，林诗渠十分重视当地文化建设，召集文化人共同决策。他在任期间，组建庵埠民间音乐团，重修"革命烈士纪念碑"陵园，建"缅先亭"以怀先烈，把散落各处有较高文物价值的历代碑刻收集嵌于亭两侧围墙保护，并亲题匾额"缅先亭"。在任七年间，庵埠先后获得"先进公社""广东省群众体育先进集体"等称号。

90. 聚耆园（1987）

此匾为官路村老年人活动中心门额，石质阳刻。右款：丁卯秋月；左款：张华云。钤印：张氏华云之印。此处的丁卯指 1987 年。该作品笔画圆润，体均势和，一派温文尔雅之气。

张华云（1909—1993）　普宁燎原镇泥沟人，潮剧编剧，诗人，教育家。1934 年毕业于中山大学文学院历史系。曾任普宁简易师范、省立韩山师范学校教务主任，中华人民共和国成立后任汕头一中第一任校长。1954 年当选为汕头市副市长。1981 年任汕头市政协副主席，作品有《张华云喜剧集》《筑秋场集》《潮汕竹枝百唱》等。

91. 流芳亭题刻（1988）

　　此匾联为溜龙村"流芳亭"题刻，1988 年为纪念华侨回梓所做公益事业而建。由乡人郭明允老师撰联，并延请其韩山师院的同事郭笃士先生书写匾额及对联。

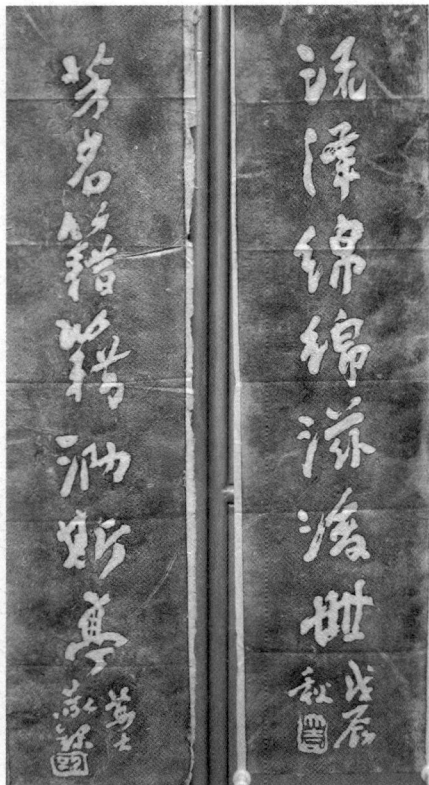

　　"流芳亭"三字以北碑为架构渗以行书笔法，开张奇崎，遒劲有力。冠首联则以其独具个人风格书体写就，苍浑古拙，力透纸背。题刻左款：族侄笃士。钤印：士。

　　对联宽 23 厘米，高 102 厘米，字径 10 厘米。联曰"流泽绵绵滋后世，芳名籍籍泐斯亭"，上联下书：戊辰秋，钤印：大吉；下联下书：笃士敬录，钤印：敦。此处的戊辰指1998 年。大理石阴刻贴金。

　　郭笃士（1906—1990）　名敦，晚署个翁。揭阳市区人，昔年毕业于中山大学文学院，20 世纪 40 年代曾任揭阳教育局局长。后任教于潮州市韩山师范学院，诗书画均能，出版有《草草庐诗集》和《郭笃士书画合册》。书初学苏东坡后参以魏碑，自成风格；山水、花鸟满纸古拙野逸之气。

92. 耀德学校（1989）

此匾为霞露村小学校名。据《庵埠志》，学校草创于1930年以前，校址在村中陈氏宗祠。1988年六月由旅港宗亲发起并捐资兴建，1989年竣工。校名由广东省委原书记吴南生所书。

吴南生（1922—2018）　笔名左慈，汕头市潮阳区关埠镇人，1936年肄业于汕头市商务英文专科学校，同年参加革命工作，1937年加入中国共产党。历任南昌市副市长，汕头市委副书记，海南行政区党委副书记，广东省委常委、省委书记等职。他不仅是政治家，还是剧作家，先后整理过《辞郎洲》《续荔镜记》《井边会》等潮剧经典剧目，同时又是著名书法家、收藏家、鉴定家，曾多次捐献、拍卖藏品为家乡修建学校。

93. **教忠学校**（1989）

此匾为宝陇村小学校名，石质阳刻。款识：启功。钤印：启功之印、元白。校中另有"仰泉堂"木匾也为启功所书。

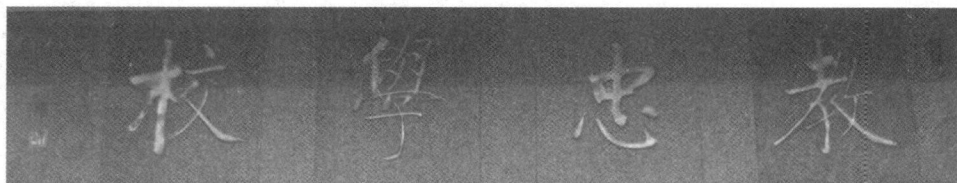

启功（1912—2005） 字元伯，一作元白。满族。姓爱新觉罗，雍正帝九世孙。书法家，书画鉴定家。长于古典文学、古文字学的研究，曾任教于辅仁大学，后任北京师范大学教授、故宫博物院顾问、国家文物鉴定委员会主任委员、中国书法家协会主席、中国佛教协会常务理事等职。启功幼年失怙且家境中落，辍学后发愤自学。从贾羲民、吴镜汀习书法丹青，从戴姜福修古典文学。受业于著名史学家陈垣先生，专门从事中国文学史、中国美术史、中国历代散文、历代诗选和唐宋词等课程的教学与研究。启功先生也是中国当代著名的书画家，他的旧体诗词亦享誉国内外诗坛，故有诗、书、画"三绝"之称。其主要著作有《古代字体论稿》《诗文声律论稿》《启功丛稿》《启功韵语》《启功絮语》《启功赘语》《汉语现象论丛》《论书绝句》《论书札记》《说八股》《启功书画留影册》。

94. "九品、三尊" 对联（1990）

　　此联为"灵和寺"大雄宝殿柱联，高235厘米，字径约13厘米，石质阴刻。联句为"九品莲花狮吼象鸣登法座，三尊金相龙吟虎啸出天台"。上联款识：公元一九九零年，智诚老法师手湴，时年八十四；下联款识：主持法云立。款识字径6厘米。

　　该作品学自王右军，加之法师深厚佛学功底，行笔流畅，境界空寂，字里行间充满清净灵秀之气。

　　智诚（1908—1994）　　江苏省高邮县人，自幼出家，在厦门闽南佛学院修学。1933年受太虚法师委派，于潮州开元寺创办岭东佛学院，三年后被灵和寺礼请为主持。沦陷时期在灵和寺闭关三年刺舌血书《华严经》。博学多才，工诗能文，书法作品以楷书为多，端庄秀丽，一丝不苟。

95. 宝树堂（1995）

此匾为文里村谢氏宗祠后厅匾额，木质阴刻。右款：岁次乙亥秋月；左款：裔孙海燕拜题。钤印：谢海燕。此处的乙亥指 1995 年。该作品近似柳体，字形瘦长，横平竖直，线条沉着，一丝不苟。

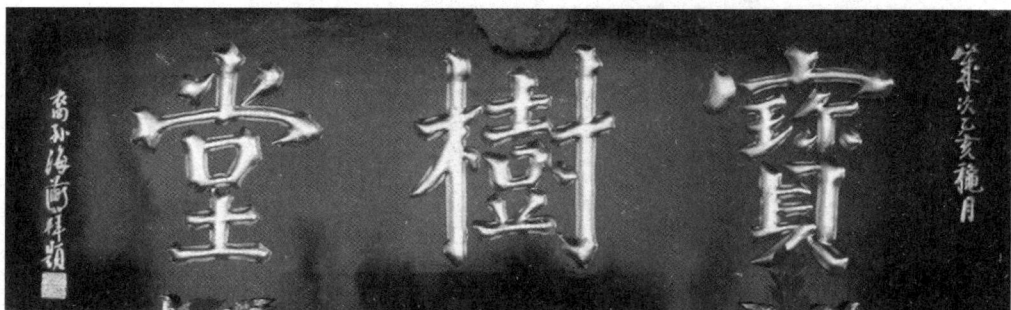

谢海燕（1910—2001）　原名益先，别名海砚，揭阳市区人，1929 年毕业于上海中华艺术大学西洋画科，翌年东渡日本就读于东京帝国美术学校。归国后历任上海汉文正楷印书局编辑部主编，《国画月刊》主编，上海美专教授、教务长、代校长，并任东南联合大学和暨南大学教授。为中国美术家协会理事、江苏美协主席。擅长国画，以金鱼、睡莲名世，著有《谢海燕中国画选集》《西洋美术史》《古典名雕解说》等。

96. 二房、永思堂（2003）

此匾为闲云杨公祠后厅匾额，木质阴刻。右款：裔孙杨樾书，癸未立秋；左款：新加坡共和国部长裔孙杨荣文暨众兄长敬赠。此处的癸未指 2003 年。该书学柳公权，字形偏瘦，线条遒劲有力，力透纸背。

杨樾（1918—2012）　笔名方生，庵埠文里人，1937 年参加汕头青年救亡同志会，1946 年后历任《建国日报》、香港《华商报》编辑，粤赣湘边纵队教导营排长。广东社科院社科联研究员，广东归侨作家联谊会会长。著作有《三十年文艺简论》《长短集——五十年文艺作品选》等。

杨荣文（1954—　）　祖籍文里村，出生于新加坡。自幼聪慧，中学时曾获总统奖学金。1972 年入伍，越年任少尉，获部队奖学金，赴英国剑桥大学攻读，1976 年获工程系双科第一荣誉学位。1979 年毕业于新加坡指挥与参谋学院，1983 年获美国哈佛大学攻读商业行政硕士学位。曾任新加坡通讯司令官、空军策划局局长、空军总参谋长等职，1988 年 7 月授准将衔。1988 年 8 月离伍入政坛，历任财政兼外交部政务部长、新闻艺术部兼卫生部长、贸易兼工业部长。

97. 潮安县文里爱心基金会（2010）

此匾：右款：庚寅选堂。潮安县文里爱心基金会成立于 2010 年 6 月 30 日，系经省民政厅批准成立的全省首家村级非公募基金会。善款主要源于热心企业家与社会热心人士等，基金会通过各种形式进行赈灾救助、扶贫济困、公益援助。

饶宗颐（1917—2018）　字固庵，号选堂，祖籍潮州。我国当代著名的历史学家、考古学家、文学家、经学家、教育家和书画家，集学术、艺术于一身，亦是杰出的翻译家。现任香港中文大学教授、西泠印社社长等。

饶宗颐于 1917 年 6 月生于广东潮州一个富裕的书香门第，只上过一年中学，从幼年开始，饶宗颐就沉浸于父亲数以万计的藏书海洋中。16 岁开始便继承先父遗志，续编其父饶锷的《潮州艺文志》。他编撰的《楚辞地理考》开辟了楚辞研究的新领域。

后来饶宗颐成为海内外著名的经、史、考古和文学家，并且对诗、书、画造诣极深，治学的领域更加广泛，遍及 10 大门类，如敦煌学、甲骨学、楚辞学、宗教学及华侨史料等各种学科，著作不胜枚举。仅其中的《二十世纪饶宗颐学术文集》便有 14 卷，内容超过 1 000 万字；专著 60 多部；各种论文 400 多篇；通晓英语、法语、日语、德语、印度语、伊拉克语等 6 国语言文字；他对中古梵文和巴比伦古象形文字颇有研究。

由于其在学术领域的杰出贡献，1962 年荣获号称"西方汉学之诺贝尔奖"的"儒莲奖"；法国文化部授予文学艺术勋章，香港外文学院艺术家协会授予中华文学艺术家金龙奖和国学大师的荣衔，2000 年中秋节前夕，被香港政府授予大紫荆勋章。

98. 庄陇乡（年份不详）

　　此碑立于庄陇乡通向汕头沟南乡村道口。因普宁果陇庄氏与庵埠庄氏同宗（果陇庄氏迁自庵埠庄陇），所以延请普宁籍侨领庄世平先生为题村名。

　　庄世平（1911—2007）　普宁果陇村人，1949 年在香港创办南洋商业银行，翌年在澳门创办南通银行。他与海外潮人发起、策划、组织捐资为潮汕地区兴建医院、学校、体育馆、图书馆，为提高家乡人民生活水平做出重大贡献。

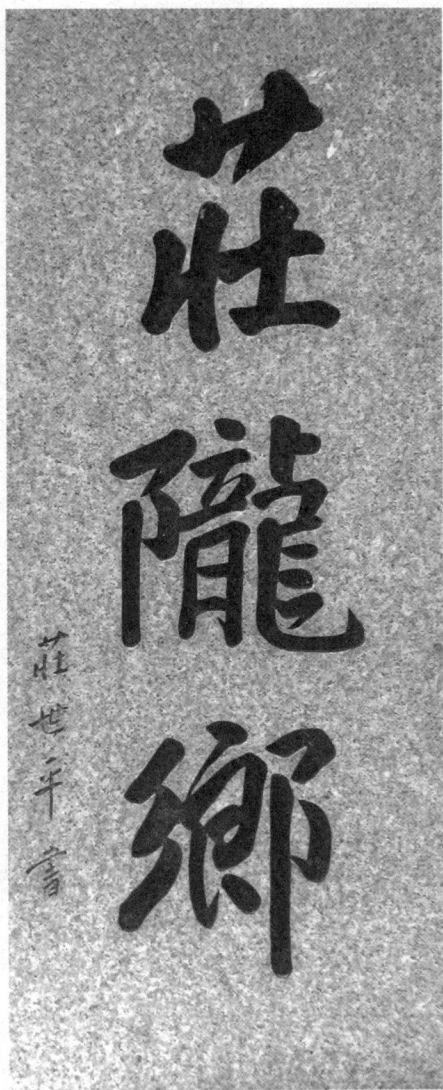

下编　碑记

99. 请留公项筑堤疏（明，嘉靖二十四年，1545）

该匾原挂于外文村报功祠内，内容系杨琠为修筑韩江南堤而向朝廷所上奏疏，木质阳刻，后祠废，20世纪80年代被外文学校改作门扇用，现已不知所踪。文中残缺部分是根据《潮州府志》（乾隆）而补全。

该文主要详述了修筑韩江大堤对于沿岸民众生命、财产的重要性，并建议抽取部分广济桥货船过桥税银以作修堤费用。从中可见杨琠忧国忧民且办事周全的务实作风。

全文如下：

臣籍隶广东海阳县，生长其间，地方利害，生民愁苦，目击身经。为布衣时，欲效郑侠绘图以献，无由上达。今待罪言官，见四方盗贼蜂起，贻宵旰忧。究其所自，皆由害将至而不为之备，患将作而不为之防，以致溃决而不可为也。敢以臣所目见者为陛下陈之：窃思潮地北跨汀州、程乡、兴宁、长乐诸山，南踞大海，群山之水汇于三河，顺流经府治七十里入海。自海阳北厢至揭阳龙溪官路，民间庐舍田亩，适当众水入海必经之路。自唐时砌筑圩岸为保障，实生灵命脉所关。每遇春雨淋漓，山水骤发，河流泛涨，势若滔天，冲决圩岸，一泻千里，飘荡田庐，淹没禾稼，溺死人物，不可胜数。匝一月水患稍除，然后长吏呼集疲民运沙泥，补倾地。或修筑甫成，复值霖雨，随即崩塌，计自弘治壬子至癸亥十一二年间，圩岸崩至六七次，伤民命者不知凡几，坏民房者不知凡几，淹损田禾者不知凡几。海揭之民呼天抢地，无所控诉。民困如此，若不预为之计，服先畴者已不得耕，而耕者复忧于湮塞之无时，死于溺者已不可生，而生者忧于死期之不远。嗟此小民，日就穷蹙，如之何不为盗也。盖圩岸约长七十里，居民其上者二十里，为患者共五十里。今若于旧堤增高五六尺，外岸临河悉用荒石，里岸临田填广一丈，上树木以护之，一应工役，民皆踊跃争输。所乏者荒石耳。荒石沿海所出，亦不难采买。大修计需银五六千两，次修计需银三四千两，即可集事。第礱石之费若敛于民，当此垫溺之余，而剜肉医疮不可也。臣熟思再计，广询众论，佥谓郡城广济桥自天顺年间，郡县榷取盐税，每岁解制府以助军饷，其中尚可酌留购石。盖广济桥乃盐船所必经者，成化间每岁解银三四百两，弘治以来增税至千两。今闻每岁解三千两，莫若即广济桥盐榷照弘治间事例，每年解一千两以助军饷，留二千两以买荒石，约计三年可以敷用，石备仍照常额起解。檄丞簿官领价采买，募民载石，召集父老克期鸠工。如或工费浩大未足取给，闻广济桥货船过者，大船征料银一钱，中船六七分，将此项补益之，工竣停止。庶财用足而功易成，前此水患可保无虞矣。夫水火盗贼为害一也，若地方有盗贼，郡县及镇巡各官设策剿捕，必求殄绝而后已。今水患为害不减于盗贼，若皆委诸天数，民其鱼乎！伏乞陛下明照万里，布德遐方，敕抚按会议，修一方之保障，全两邑之生灵，狂澜永奠，滨海无虞，幸甚望甚。

杨琠，资料见"报功祠"篇。

100. 建寨伟绩（明，嘉靖四十年，1561）

　　该碑原嵌于官路寨东门围墙。碑高 182 厘米，宽 102 厘米，碑额横刻"建寨伟绩"四字篆书。沦陷时日军拆毁寨门，碑为乡人收于附近三山国王宫内。20 世纪 50 年代，宫被拆除，碑石为乡人用作磨槽。70 年代又被打成四块，钻孔，为两工厂作安装电机用。1983 年收集拼合，嵌于缅先亭左壁。由于历经多次劫难，残缺不全，孔洞遍布，文字几近磨灭。今以昔年张元敏老师抄本为基础，加上笔者拓片后新辨得文字，录之如下：

　　赠立翁林寨长上官路建……上官路，揭阳龙溪□里也，然……密蔽□□□之颇□便……年春，倭夷内侵□盗……障之计，第贫者……□寨……德望立翁林先生督……监司冯公养白，府主何公宾岩，县主彭公崇野乃以……不数月……伍钱……之东关……树□方……迩噫……夫……公之……窃可……之两□□□为……人……于不朽也。大明嘉靖肆拾年岁次辛酉……

　　该碑记叙了明嘉靖四十年（1561），因倭寇及盗贼骚扰，上官路寨长林立及府县官员集资修筑官路寨缘由。从中可见明末沿海倭寇、海盗猖獗，民众纷纷建寨以自保。

　　冯养白　字皋谟，浙江海盐进士，曾任广东按察副使。

　　何宾岩　名宠，浙江临海进士，嘉靖四十年（1561）任潮州知府。

　　彭文质（1528—?）　福建莆田人，嘉靖三十八年（1559）进士。历任揭阳知县、广西桂林知府、广西按察副使。

101. 碑记（明，万历二十四年，1596）

此碑现立于庄陇村三山国王庙中，系近年修建庄陇小学时出土，校址原为三山国王庙旧址。高 190 厘米，宽 48 厘米，厚 16 厘米。额曰"碑记"，篆书横排，字径高 9 厘米，宽 8 厘米。碑文正书竖排，共七行，行 33 字，字径 4 厘米。末行署年月及立碑人。

全文如下：

本乡庙地乃吾三世祖清素公所捐也。创建来神显人安，乡社祈福咸致以胙。夫吾祖为乡众而崇神明，乡众祀神明而惠吾祖，报施之典两称乡之绵绵，获福良有以也。庙先为吾叔祖宏爵公、时攒公修建，今太封君林晋斋公从而鼎新之，此其功垂不朽，福享无崖，而地亦因公增重也。饶等美公功且感世惠，书之以示我子姓嗣，此枌榆间或有捐金置租，以为岁旨香灯之奉，则神之默佑，人之祈报岂鲜少哉。

大明万历贰拾肆年岁在丙申仲夏吉月

庄氏八十翁宗饶等书

该碑记叙了国王庙地由庄氏三世祖清素公所捐，至明万历二十四年由林氏晋斋公（林熙春之父）重修的历史渊源。从中可见庄、林两姓村人为祈求生活安康，共同为延续国王庙祭祀香火而接力。

清素公　名敬，为庵埠庄氏三世祖，生四子，两子移居普宁果陇。

林晋斋　明代户部左侍郎林熙春之父林乔槚，因子而赠太常寺卿，祀乡贤。

102. 海揭四都渠堤济美碑记（明，万历庚戌年，1610）

此碑系2018年2月7日笔者陪《广州日报》记者陈家源采访庵埠海关旧址时，于万和桥溪边台阶无意发现的。残碑高45厘米，宽37厘米，楷书阴刻，字径3厘米。碑面磨蚀严重，经拓片辨得残文为：“……缙绅□记凤城□□永……都谏逵之当路……必……我潮三利溪津梁□美太……之遽也乃□□□及迁人……给封□世德庶知桥梓济……吉……大夫……大理寺卿前奉……”。据残文中“三利溪”“大理寺卿”字样，初断为林熙春浚溪所撰碑记，因庵埠明清两代唯林氏官至大理寺卿，且曾浚三利溪。后经潮汕文献专家杜平见查阅，此碑为明代潮阳周光镐所撰，并载于雍正《揭阳县志》。

周光镐　字国雍，号耿西，潮阳峡山人。隆庆辛未进士，授宁波府推官，署理象山县，迁吏部郎中，出守顺庆，擢副使。历任四川右参政、按察使，右佥都御史，大理寺卿。著有《明农山堂集》，年八十一而卒。

全文如下：

尝读河渠书，言水之为利害也，信哉！夫水，德生天一，材职地五，兆类赖以胚阜，庐壤资之生育，利则有矣，何言为害？盖天实生之，人实成之。治之得其道则疏导灌注，失其道则湍悍冲塞，皆所不免故。尝行役登积石、澁朔方，阅唐汉二渠，见夏后氏莫尚矣。即西蜀离碓、神牛，恒叹守冰之血食匪侈也，亦何论纖钜远迩？惟疏沟洫以利沃泽，筑堤崖以防冲隤。如我邑海、揭二邑龙溪、南桂、上莆、地都四都所诵述林晋斋封公渠堤，谓非一方血食之功哉？盖潮岸大海，十封於邑，惟海阳水患最剧。浒陇一派，上受青溪二河之流，为韩江入海之冲，四都民户多错庐焉。雨潦则陆沉苦浸，间一旱干，则咸卤上涌，禾稼咸伤。逞先辈悉心经理，然渠堤善圮。至万历壬午、癸未颓甚，历廿年所，未有能肩其任者。戊戌，封公起而集父老，咨询利弊，画一具议，命仲公都谏公代闻当路，为元元请命，而一时府、道两院咸报可。封公直首领其事，先后捐橐赀百金以为嚆矢，续之官徵糧石，论立圩长，鸠工聚石，刊木扦楗，水道蓄泄有方也，梁门广狭有宜也，上输下注，或厮或合。四都相距约一百若干里，公以望耄之年，往来跋涉，靡倦於勤，朝而督役，夕而稽工，蒿目策腹，一惟斯事孜孜是务。今逾纪年，四都庐次如鳞，畦畛如注，禾苗垂颖，桑麻铺菜，居然一乐土也，畴尸其功？一日，诸辈章缝洪友游、蔡友端、陈友慧、刘友德芳、俨然造余山房，属之记事，且云：“两邑四都靡封公，民其鱼矣！孰不知之？惟念公生之日，黄童白叟，咸以口碑当石铭。今公仙逝矣，虽功附堤隆，尤虑名随身往，四都父老共捐资勒珉，丐先生一言不朽。”余病惫，顷方拭泪诔公，何能任是？固辞不获，则绵思封公典刑庥庇为尔邦社闾里裨益事，非特都谏君暂辍掖扉，委蛇家食，惟畴咨海国生灵利赖，谓非天扂？古西门豹为鄴令，凿渠引漳，溉鄴以富。魏之河内史称鄴令名闻天下，泽流后世，无绝已时。它如王尊建节，金堤不溢；王霸精诚，滹沱不圯，孰非天人相资而人定胜天？则谋之豫者其功大，泽之深者其流永。封公今堤，奚多让焉？余向曾为潮诸缙绅委记凤城东堤永赖碑，记其事亦都谏君首之，利在海、饶、澄秋溪、苏湾四都，今之海、揭四都，亦犹是也。则封公摅其筹画，匪都谏逵之当路，亦未必成功若是之钜，洵哉父子相济，谓之“世美堤”可乎？众喜曰：“然。”顾余复有说焉。弘治禩间，白沙先生尝记我潮三利溪，津津赞美太守功，已而询其靡实，悔之，占诗为跋。后唐仁卿选部谈云："此溪之利我郡，十有八九，何江门夫子之悔之遽也？"乃知陵谷变迁，人事靡常。故揆事贵周於始，克绍尤望於后，则目前之利利矣，愿告父老子弟嘱之后来者，培植防护，以绍封公世德，庶知桥梓济美，枌榆永赖云。

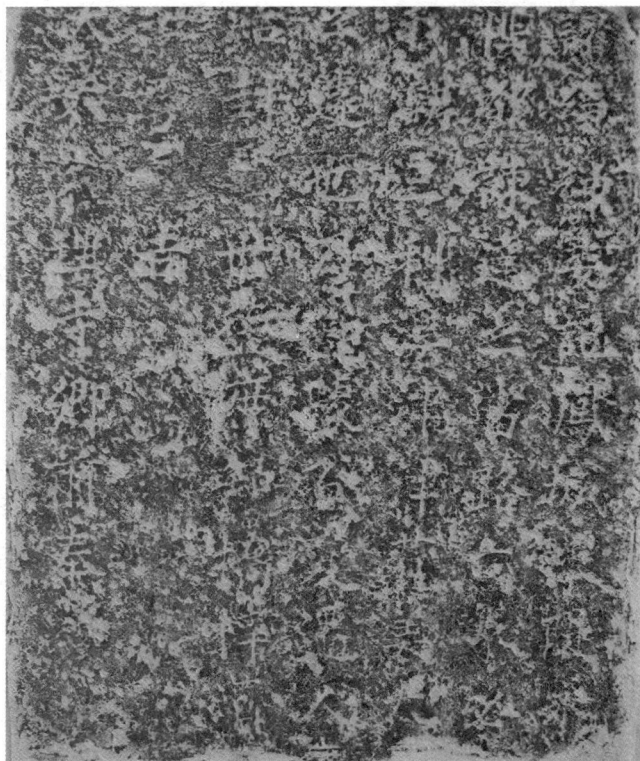

103. 桑梓碑记（明，万历四十八年，1620）

此碑立于郭陇凤廓古庙，高 153 厘米，宽 62 厘米。额曰："桑梓碑记"，正书横排，字径 7 厘米。正文楷书竖排，共 14 行，行 30 字不等，字径 3 厘米。因年久碑石风化，字迹模糊，《庵埠志》《庵埠镇志》辑录文字皆有误处，现据拓片改之，但仍有疑处待考。

全文如下：

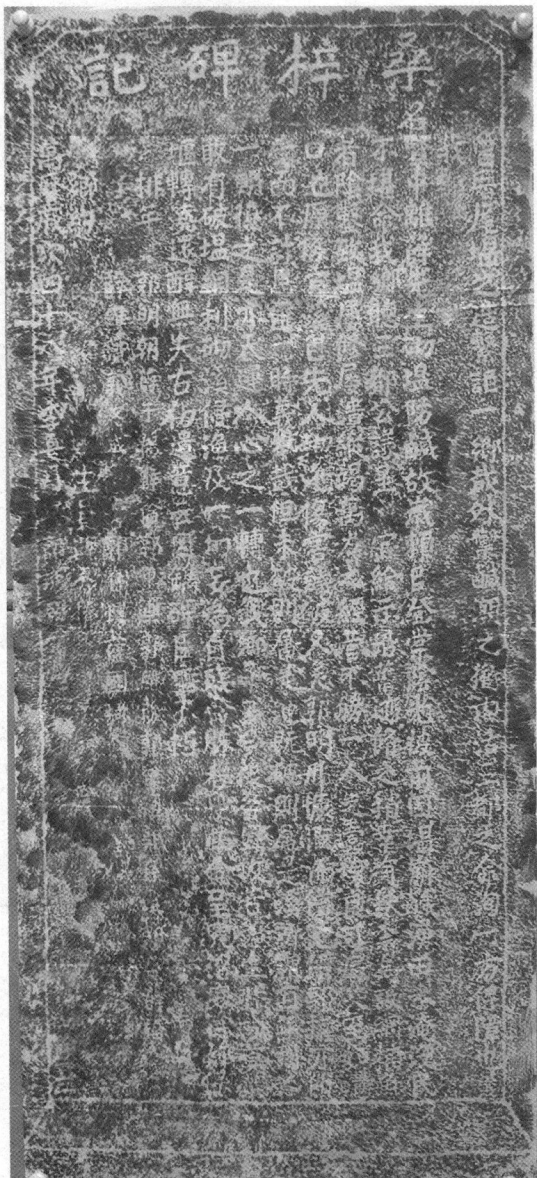

曾厝尾塭之造，系诓一乡哉，外御咸潮之冲，内活三都之命，洵一方保障也。

我都名贤中离薛先生砌塭防咸，故岁赖以登，棠荫光被。前因塭崩咸浸，田禾淹没，民不堪命。我乡听三都公议，呈官给示，沿旧迹修之。稍幸有赞，奈为设网捕鱼者阴凿，致塭屡修屡溃，纵竭万力之经营，不胜一人之蠹坏，良可痛矣。至如沟口池原系官溪，自先人砌池伤害，议破久矣，郭明州慷慨而偿池价，郭权亦捐之而不计恩扉，一时义举哉。但未破则属是池，破则属是溪，所谓百年利，若一朝覆之，是亦天运人心之一转也。我乡子弟今后各宜攻苦治生，非分莫为，敢有破塭网利，砌溪侵渔及一切妄为自残命脉者，众共金呈究治，庶几得保堰，转浇还醇，无失古初遗意云。因镌碑以垂不朽。

排年　郭明朝、薛廷扬、薛伦、郭东兴、郭继隆、郭继祖、郭存恺、郭益、薛维藩、郭文成、郭存恺、薛国琦。

乡约
生员　薛乔春、郭应发
万历岁次四十八年季夏月吉旦日敦旦立

该碑文追述薛侃创建曾厝尾塭的历史及其抵御咸潮保护农田的重要作用，规劝乡中子弟不能因捕鱼而破塭。这又是薛侃为家乡所做公益事业的重要历史依据。

104. 薛氏大宗祠祀典序碑（明，天启四年，1624）

此碑立于薛二村薛氏家庙右廊，高 224 厘米，宽 147 厘米，厚 22 厘米。碑首篆书"薛氏大宗祠祀典序碑"，字径高 11 厘米，宽 9 厘米。碑文总 20 行，楷书竖排，每行 34 字，字径 4 厘米。末行署年月及撰写人。

全文如下：

礼重祀先，所以追本始而崇其功德也。古者有行义名位勋劳，则得以其族显，而庙祀因之不迁焉。故始基之祖与县心生县心义起，人情之所不容已，典礼行焉。吾先人叨从大夫后，骏奔在庙，祀事孔明。迨嘉靖戊午年以后，冠益鸱张，庙宇罹毁，子姓散而对越之仪阙。即近而高祖让斋公曾不得肃雍合祭，而远可知矣。顾气运屯则必亨，孝思积而弥挚。岁在于壬子，人人萌返本之怀，爰集族人，议建始祖伯肇公祠。而各处旧址偏窄，不堪堂构，彦愿以让斋公发祥屋地建祠祀始祖，以成我先大夫祀先睦族之志。而族议丁田均派，更义出赞成之。顾工力浩繁，值运岁凶歉，逾纪而后落成。乃兴族共商祀事。按礼冬至祭祖，而列祖有功德者应配享。溯二世祖进士云岩公以贵显有德著，四世祖隐士公、凤岗公以潜德有功著，允宜奕世祀。嗣是而绍其贵显有德者，则有若七世祖县尹松山公之荐辟莅治，十二世郎中让斋公之以子贵褒赠，十三世赠给事靖轩公之养德温粹，赠御史中离公之造道精深，官翰竹居公之学问渊弘，十四世赠光禄东泓公之取义成仁，主事绣溪公之英资侠节，十五世同知吕阳公之清修孝行，皆于科名宦业有光，例当庙祀不祧。绍其潜德有功者，则有若九世昆岗公之倜傥远猷，十三世永轩公之友于敦睦，十五世仰敬公之秉心和易，十六世三吾公之操行方正，皆潜修不堕家声。加以有田奉先，亦例当不祧祀焉。夫礼莫大于祀先，而均为吾祖，有百世不迁者也。是故始祖祀，二世、四世祖祀，正以开基垂统，光前裕后，功显著此。后则绍休永誉，或为岩廊良臣，或为泉石清修，兼有功先入者，始得兴焉。故数可陈义难知也，兹以难知之义兴众，共昭揭之，使知尊祖敬宗之意而。夫崇德报功，义并著祀典，苾芬孝祀，以介景福，将先大夫之礼乐其有兴也。夫用勒诸石，以垂不朽。祀田祭品规条悉载碑阴。

天启甲子年正月上浣之吉十六世孙士彦谨序

　　该碑记叙了薛士彦捐祖屋建大宗祠以祀始祖，并配享历代有功者的经过。从中可见薛氏自宋至明科举蝉联。人才辈出的盛况。

105. 府县约（明，崇祯四年，1631）

该碑现存放于郭三村郭氏宗祠（俗称"绵山公祠"）右巷，应是当时官府为地方分界所立禁示碑。总长 172 厘米，见光部分 100 厘米，宽 33 厘米，厚 12 厘米。碑额"府县约"横排，字径 6 厘米，碑文共 5 行，竖排，行 16 字，末行署年月日，皆为楷书。

全文如下①：

呈明沟头分界后，北社如遇差役提犯，须县给示，查印簿内有准付。不许众越此条，严示权德妄抵，地方□究。适因故，良□□□□。愚等如违，诛□□，毋宁□究。

崇祯四年三月　立

该碑为官府所立村庄界碑，明末因倭寇、海盗屡屡骚扰，官府采取严格的分界管理制度于此可见一斑。

---

① 碑文中"沟头""北社"均为郭陇村地名。

106. 海阳薛氏大宗祠堂碑记（明，崇祯七年，1634）

此碑立于薛二村薛氏大宗祠内，碑高 260 厘米，宽 150 厘米，厚 20 厘米。额曰"海阳薛氏大宗祠堂碑记"。篆书横排，字径高 16 厘米，宽 10 厘米。碑文共 29 行，行 45 字，首行与额同，末行署年月及撰文者，字径 3 厘米，正书。

全文如下：

薛氏于潮为望族。族尔望者，薛氏之家学著之也。溯其渊源，则靖轩先生为嚆矢，其弟中离先生、竹居先生，与其子东泓先生，皆学其学而兴起者。会先文成公倡良知之学，海内翕然宗之。诸先生又尽宗其学而学焉。潮建先文成公书院，迄今尸祝不衰者，皆薛氏诸先生力云。余自髫年窥世谱，向征久矣。及谬建节岭外，踵先文成公武，得以瓣香告祠，备访其子姓，知薛氏凤毛不减古河东，仕与隐世有令名，不独诸先生已也。余既宅忧还里，有诸生名士彦，应运者忽造余，九顿以请曰："敢以先大夫之灵，邀惠文成公者邀惠中丞公，不独先大夫藉以不朽，其自先大夫以上，实藉以不朽。"余讶弗敢当，叩所请，则鼎建大宗祠记也。夫祠以尊祖也，祀大宗以溯水木而崇功德，甚盛典也。刓夫德行文章落于奕世，理学忠节集于一门，记何容易。余乃反复其祠典，序述始祖为伯肇公，一传而二世祖云岩公，即于宋嘉定间以登第著声。嗣此七世称北山公，以荐辟著。十二世让斋公，则十三世靖轩、中离、竹居三先生父也，以孝友著。迨十四世则东泓先生与绣溪先生矣。十五世称吕阳先生者，即东泓先生子，诸生士彦之父也。咸以高第贤书，宦绩济美，即用潜弗耀者，德业亦等于专城绾绶。兹祀始祖为不迁之庙，诸有功德者，并埒之不迁，于尊敬之中，寓崇报之意，非独典甚盛也，义盖甚美。而余谓是义也，可以彰前，可以启后，盖后视今，犹今视昔者也。今于祖谪为云仍，后于云仍为祖谪也。仰视榱桷，俯察几筵，非功德炳鳞，苾芬之享，不能左右而嗣，此可知矣。且也炳鳞宇宙，上有忠孝节义尔。不幸王臣蹇蹇，犯颜谏诤，殉以九死，若通籍致身利泽及当世，若养高乐善利泽及乡国，其常也。常者易为，非常者难为；然难为者早推勘得到，而易为则易为者无不可为矣。先文成公谓擒逆藩，征叛蛮，出万难、犯不测。得力全在良知。当日中离、东泓两先生，师学亲承，体认真笃，故一则以大行抗章，廷鞫七次弗屈，号称铁仆；一则以给谏效权奸，毙于廷杖，赋诗言笑自若，忠贞世笃，克印先文成公。昔穆庙改元，并荷赠，今东泓先生又荷临诏，且以特祠报，则为薛氏后者，其亦念先人之所难而无辞其难，念先人之所易而无忽其易乎！立功立德，一禀于渊源之正。先大夫以上固世不朽，先大夫以下亦世不朽。薛氏之榱桷几筵，将与五岭日月光昭永永可也，而先文成公之祠将永托诸。余不敏，既不获以世谊谢著记，惟以所闻家学者为子性勉。永言孝思，作求世德。起薛氏诸先生于九原，必以余言为然矣。

崇祯岁在甲戌端阳吉旦

赐进士第通议大夫，兵部右侍郎兼都察院右佥都御史，总督两广军务前通政司通政使，提督京边马政太仆寺少卿，四任江西、山东、湖广等道巡按，广东、直隶两奉命学，河南道侍经筵监察御史，通家后学余姚王业浩顿首拜撰该碑文中王业浩详述了薛氏一门与王阳明的师承渊源，并盛赞薛侃、薛宗铠叔侄用实际行动践行了老师的学说。

王业浩（？—1643）　浙江绍兴余姚县人，王守仁之弟王守文玄孙，万历四十一年（1613）进士，授江西道试御史。天启三年（1623），升山东道御史、广东巡按御史、湖广道御史、掌河南道御史。崇祯四年（1631）升兵部右侍郎、两广总督、广东巡抚、兵部左侍郎、兵部尚书。

107. 杨公功绩碑记（清，顺治丙申年，1656）

该碑立于官里村文祠外，建有碑亭，颇为壮观，惜碑文风化严重，款识则大致可辨，兹录以备考，碑文则阙。落款为：

顺治丙申仲夏甲午之吉，赐进士第，奉敕存问，光禄大夫，太子太保，礼部尚书兼翰林院学士，前太子少傅，教习馆员，吏礼二部侍郎，知□□命、詹事府……子，赞善，翰林院侍讲、简讨，国子监司业，掌监事，□修十三经、二十一史、武经，辛未同考官，丁丑武闱总裁……蒙□召对赐坐，钦赏三推阁员，予告八十一翁、通家眷生黄锦顿首拜撰。（印二）

太常寺卿辜朝荐，太仆寺卿邹鎏，太仆寺卿梁应龙，兵科都给事中谢元汴，吏科都给事中洪梦栋，督饷守备孙士龙，春元郑绍煌、欧逢春、林铨，贡元陈守镔、林有源……

黄锦（1576—1658）　字孚元，一作䌹存，号䌹庵，饶平宣化人（今饶平大埕）。天启壬戌进士，授庶吉士，历官詹事府詹事，吏部右侍郎兼侍读学士，南京礼部尚书。隆武即位福州，启用为礼部右侍郎，晋尚书。著有《笔耕堂集》、《䌹庵居士自述》。

辜朝荐（1598—1668）　字端敬，号在公，海阳大寨人（今金石辜厝）崇祯戊辰进士，历官桐城知县，山东道御史，礼科给事中。明亡后，永历即位肇庆，召授太常寺少卿。后随郑经渡台，康熙七年卒，祀乡贤。著有《啸云庵易解》二集。

邹鎏　字石可，海阳人，崇祯辛未进士，历任户部主事，襄阳知府，永历时晋太仆寺少卿。

梁应龙（1597—1677）　字霖海，原籍饶平，世居海阳东津（今意溪东津），崇祯戊辰进士，授太平府推官，保宁府推官，兵部主事转户部员外郎，升分巡福宁道，年八十一卒。

谢元汴　字梁也，澄海蓬洲人（今汕头市郊）。崇祯癸未进士，以母老而归。唐王监国福州，授兵科给事中。

洪梦栋　字仁升，又字东木，海阳人。崇祯庚辰进士，永历己丑，官吏科左给事中。

孙士龙　待考。

郑绍煌　崇祯十二年己卯科举人。

欧逢春　待考。

林铨　顺治十八年岁贡。

陈守镔　待考。

林有源　顺治十七年岁贡。

108. 心田薛公祠记（清，康熙五十一年，1712）

此碑现立于薛一村"薛氏宗祠"左廊，碑高213厘米，宽112厘米，厚14厘米。额曰"心田薛公祠记"，篆书横排，字径10厘米。正文共21行，行40字，楷书竖排，字径3厘米，末行署年月日及立碑人。该作品结体瘦长，颇有柳公权之风，但化方棱为圆转，多内敛淳朴之气。

全文如下：

尝闻礼严僭滥，又缘人情故，或以仁率亲，以义率祖，其精意盖甚深远也。予观薛氏大宗祠祀始祖至四世祖，世系不紊，以下则惟诸先生之贵显有德者，及一二先生之潜德有功者，盖于尊祖敬宗之内，寓崇德报功之思，甚盛典也。乃传世既久，分派亦多，其自五世以下各房，祖之有德，业足以振箕裘而昌厥后者，靡不建祠分祀，其于称宗之礼，蔑有间焉。予夙与懋学先生讳应运、讳烃诸君相友善，窃尝私心向往。然以效职铨曹，思数观光未能也。值兹奉命旋里，有慨慕先正礼教之遗，乃造诸君庐，且观庙堂礼器道故之余，诸君固以小宗祠记谆恳，谓寒族昔得余姚中丞王公记大祠矣，今运小宗祠成已久，愿得先生名言，俾获二宝而均守之，前后绰其有光。予惟薛氏，吾潮礼教之宗也。自中离先生以理学传家，其中之详明祀典，当必有深且远者，用是欣然就请。为叩所祀，则五世祖心田公下，逮九世分支，并后之有科名功德者，大约如大宗礼，而独于大宗所祀之祖，不敢并祀，盖以四世以上，大宗所祀，其嫡长居士公迁于凤廓，又建祠祀之。兹祠分为季子，故以心田公祠别宗，明乎父子不祭之义也。然而四世以上不祀而必专及二世进士云岩先生者，则以始祖迁潮以来，二世绍基于斯，发祥于斯。斯祠固小宗分支之祠，而作室开基之地，科名始兴之人，必令后之睹祀事者可考而知，此尤于不僭不滥之中，微通以缘情制礼之意，则此中之精微，固有因而不妨为创者，亦有创而不失于因者。予故详薛氏之祀典而知诸先生之礼教，其于大宗小宗之义为深且远也。诸先生行之以式后人，后人蹱而行之以无忝诸先生，灿然有文、条然有理。礼达家昌，文献之族，终有后禄，薛氏其永有科名宦业，以维礼教于不衰矣，岂独为吾潮生色已哉。爰不辞谫陋，欣然而为之记。

崇祯癸未岁八月朔日，赐进士第奉直大夫，吏部验封清吏司员外郎，前行人司行人，揭山后学罗万杰顿首拜撰

康熙五十一年十月穀旦重镌，十五世孙岁贡生候补儒学训导光宠书

该碑文罗万杰详细叙述了鼎建薛氏小宗祠的理由，并称赞薛氏为"吾潮礼教之宗"。从中可见薛氏始祖至四世祖世系概况。

罗万杰（1613—1680）　字贞卿，号庸庵，晚号樵夫，乡人私谥文节先生，明揭阳（今属丰顺）人，崇祯七年（1634）进士，官至吏部郎中。明亡，废家产，举兵勤王，兵败，隐居山林。擅诗文，著有《瞻六堂集》，能书画，与岭南名画家伍铁山（广东香山人）交厚，常相唱和。府志有传。

薛光宠　待考。

海阳梅氏心田公祠堂碑记

109. 廉明澄海县主太老爷张审语（清，乾隆二年，1737）

此碑现立于大桥村"大龙桥庙"中，碑高140厘米，宽52厘米，厚约10厘米。碑额"廉明澄海县主太老爷张审语"横书，字径5厘米。碑文竖排，共10行，行30字，字径3厘米。末行署年月日及立碑人，字径2.5厘米。

全文如下：

审得黄姓公置祭田，里甲虽有两分，而支分派别，凡属长桥子孙皆系有分之子。若以三十余亩之祭田，拆作数十份，则一人不上一亩，何以黄奕章一人遂致得田十四亩有奇，此理之不可信者。况公祖如果历被黄攀锡等侵蚀，众人岂有甘心，何独奕章一人约禁于前，议拆于后。且查雍正十年所立合约，仍是公业，成规并无一语分拆，此后拆卖凭何议处？乃众户并不肯分，徒借往京之举人黄日高一字为凭，无论假帖，未足为据。即使日高曾有此议，而公物应从公论，亦不得以一人之词，遂不问公私、不计多寡，可成千古之铁案也。黄奕章明因住居海邑，离田窎远，只顾徇私，不管废祭，应令退出原价八十两付庄姓收回，此田仍照前约轮办，每年同向清算，以杜侵蚀在案。

乾隆贰年四月　日

黄

俊卿、巽夫、振千

殿卿、攀锡、顺卿

振卿、攀俊、德章、郑子太

合乡　仝立

该碑文叙述了澄海县知县为大桥黄氏裁断族人侵占祭田案的依据及结果，从中可见历代皆有不法族人把共有祭田、祖业占为己有。

廟番得黃姓公益真祭田里甲推有由分乃之分瓜別光管長者借用之又
登明潘干岁以二十斛私之祭田拆作数十公明一人不上一般何以霑澤肯受個軍人
海公坎得田十四亩尚有奇此理之不可信者現公租如果被黃姓拆賣個軍人
公安威規井無一語分拆此後俊拆賣豈個語慶厉貴亦正正十年矣浚合分後乃是
太界人黃日高一字為惠無論假始未足為據即使日高曾有此田人退出亦俱八十西月枉姓以
張公論无不不得以一人之詞違不問公去不計多真可成千百之共業也黃要以
審明因住老日輒田萬黑己頃衙私不管麻念雇人退出亦供八十西月枉姓以
諭田此田仍照前約輪辦每年同何清堂以枯復假五率

乾隆貳年四月 日

110. 薛氏大宗祠碑记（清，乾隆四年，1739）

此碑立于薛二村薛氏大宗祠内，碑高258厘米，宽152厘米，厚26厘米。无碑额，碑文共16行，行42字，末行署年月及撰文者，字径3厘米，楷书。（碑名后加）

全文如下：

维我薛氏之有大宗祠，上祀始祖伯肇公，二世祖德尹公进士云岩叔，三世祖绍创公分房，四世祖隐士公、凤岗公由来远矣。嗣后科名以及潜德之士倡建祭田入配祖庙，具载碑记。尔时之典礼煌煌，甚盛轨也。续因国初斥迁，庙宇圮毁，加以兵燹役务繁重，其前配田又令各子孙领回差输，故大宗所遗产业，其存焉者亦仅迁延数十年。祠址丘墟，见者惨目，虽各房皆有祠以祀其支祖，而大宗之祠缺然。雍正乙卯冬月，族姓父老共切木本水源，商议重建祠宇，虑费无出。酌各房五世祖配祭银各贰拾两，下逮子孙出得祠金叁拾两者，皆入配享，约该银柒佰壹拾两，复每大小丁建粟壹斗五升，成丁以上抽工给役，助成祠事。爰鸠工庀材，三载观成。始于雍正十三年冬，终于乾隆二年十月。而庙貌焕然，重新典礼，亦复煌煌如厥初焉。自兹以后，惟膺甲第科贡及大功德行，有光祖耀宗，议得依各房祖所捐祠金贰拾两入配，非是，虽拾倍无得漫请，所以尊大宗重配享也。向得余姚王中丞先生大宗祠记，族属增辉。兹再勒志，於以并垂不朽云。

五世祖居士公、仁轩公、承庵公、心田公，九世祖刚判公，十五世祖献民公，十六世祖诚吾公，十七世祖平所公（曾孙凤季请）、怀正公，十八世祖允登公（孙凤季请）、兆庆公、奕怀公、智生公，十九世祖辉允公、贻长公、允源公，二十世祖迪簏公、迪标公、迪良公、迪藩公、迪英公，二十一世祖万林公、上林公、大林公、盛山公、丰林公。

乾隆四年岁次己未五月穀旦立，二十世孙岁进士凤季撰

该碑文叙述了薛氏大宗祠因清初迁斥而塌毁，族人捐资重修并配祀登科甲及有德行者。从中可见清初海禁迁斥政策对被迁村落影响之深，经过几十年努力，直至乾隆初年才恢复元气，得以重建宗祠。

维我罗氏之有大宗祠之祀　始祖伯英公　二世祖德日公进□□□□□□□□□□

阳子公凤尚公由是追念祠後科名以爱惜俊士退□□人□神□□□□□□□□□

秋地筹图　国初片通明宋坭毁加堆兵毁段参查兵前配日□□□□□□□□□□

存焉筹亦偃迄今数十年祠址坭塈见奇怅日观多房派有利□□□□□□□□□□

兹幸克委共切本水源高爰重建祠孝庆贵且出前□□□□□□□□□□□□□□

各两首资入乾峯劝访銭来百耆梅两侵等大小丁谨□□□□□□□□□□□□□

村三软观成始於乾隆二年十月两前□□□□□□□□□□□□□□□□□□□

摧厚甲善科资足夫功能行奇瓶　祖谱□□□□□□□□□□□□□□□□□

所以思大宗意歌享之向得随姬　宗谱得係奉祖所新增□□□□□□□□□□□

　　　　　　　　王中丞毛生大宗祠北岩永增功□□□□□□□□□□□□□

五世祖居士公　　　仁轩公　　承家公　心田公

九世祖别利公　　十五世祖献民公　十六世祖兴吾公　猫庆岳　北庆公

十六世祖弁所公　菖国芳公镇　十八世祖无芳公镇　安集公　生公

十七世祖弁所公镇　懋正公

十九世祖辉元公　贻泉公　免源公

廿世祖迪宽公　　迪惇公　迪庄公　迪荣公

廿一世祖葛林公　　土林公　大林公　戊山公　蕞林公

乾隆四年岁次己未五月谷旦立

　　　　　　　　　　　　　　　二十世孙成道上□等□

111. 洪氏家庙碑记（清，乾隆二十八年，1763）

此碑现嵌于梅溪村洪氏家庙后厅墙壁，碑面风化严重，碑高110厘米，宽51厘米。碑文共11行，行26字不等，字径3厘米，序文与书名中空一行。（碑名后加）

全文如下：

族分昭穆，名义所关；宗计尊卑，伦理攸系。以故，人丁众盛，称名不容混同；族属繁多，命字当有定列。我族前因迁斥散居，谱书遗失，以致混淆无序。兹际盛世，若不立定字义排之，将来混淆更甚。第□□□载谱书，又恐难保遗失，端勒贞珉，一阅燎然，觉为永远。爰是书名，自贞字十六代以下仍取易文二十字命字，自兆字十六代以下寻取字义二十字。嗣后复赖贤子孙再思字义，撰成诗句，以续再镌贞珉，庶昭穆尊卑不致混淆，方成宗族也。

书名：乾坤贲履泰，谦豫临咸恒，
　　　观鼎复随晋，解需益萃升。
命字：启子勤经学，延为华国才，
　　　文章光世泽，绍业可开来。

长房十二代孙字本臣、清溪仝众撰题
乾隆贰拾捌年岁次癸未三月毂旦立

该碑文叙述了洪氏族人经清初迁斥，族谱遗失。直至乾隆二十八年才得以恢复，新订辈序诗，重构族群。从中可见潮人宗族观念之深，只要经济允可立即修谱建祠，凝聚族人。

姓谷昭穆名義所閟宗計丹書儁理攸低以致人下衆盛補少
我同族陽裳多令字書有左列书族前日奉斤散居辅事庶大
祝亦毋兹隂盛世者不立定字當川之將亲武当更善諱氷
我族書又恐雕保遠失祢勤員形一闻撰松茂傷求遠爱是卖谷茎
坌宇产一成以下幼耶扬文二十字令宇谷其客十大代以下宇
實樣棵年光不改况褚方戊亥族忌
宇樣棵年光不改况褚方戊亥族忌
此以立十云明後後頼隆于孫再思士眉耴我計鄁以兩谓

112. 谢氏宗祠碑记（清，乾隆三十三年，1768）

此碑原立于文里村谢氏宗祠内，后祠倒塌散置，现嵌于缅先亭后壁。碑高93厘米，宽45厘米。碑文共12行，行17字，字径3厘米，末行署年月，正书。（碑名后加）

全文如下：

窃思我族始祖壶山①公，历潮刺史领铁牌总管，蒙宋王赐雷打石山数峰，因卜葬是山，并历代祖考皆附葬其旁焉。该山粮饷，前系派下子孙轮流完纳，迨后人丁蕃盛，分居别处，相离窎远，其山粮每完不清款，故于雍正年间会集各房分定完纳。我族所均分之山粮，载揭邑桔岗都二图谢光裕户，又配本都谢其平盐饷两项，议就大祭日赴席者，每人缴净钱卅文，交司事汇齐，越日完纳。因勒碑志，愿后人依行勿替尔。

乾隆叁拾叁年仲冬之月吉日光裕堂立

该碑文是东郊谢氏为完纳每年祭祖山粮的规约，从中可见谢氏在潮定居后的繁衍分布情况。

---

① 壶山：指谢壶山，字升一，南宋福建莆田涵江人。自幼聪颖，潜心兵书。自福建莆田移居揭阳尖山（今梅岗谢坑乡），后移居龙溪都多文陇（今庵埠文里村），为谢氏始祖。墓在桑浦山鸡笼山雷打石（现为汕头市文物保护单位）。

窃思我族

始祖壹山公潮剌史領鐵牌總管蒙

宋王賜雷打石山數峯因卜塋是山並歷代

祖考皆附塋其旁焉該山糧餉分居別廈祖離

孫輪流完納迨後人丁蕃盛分

竊遠其山糧每完不清欵故於

雍正年間會集各房分定完納我族所始分

之山糧載揭邑梧崗都二圖謝光裕戶又分

配本都謝其平監餉兩項議就大祭日赴日

席者每人繳净錢卅文交司事彙齊越日

完納因勒碑誌願後人依行勿替雨

鑒叁拾叁年仲冬之月吉日光裕堂立

113. 永垂致祭（清，乾隆三十三年，1768）

此碑原立于莫陇村莫氏宗祠中，"文革"时期被分切他用，几年前重修祠堂时找回，拼接后上段残高约 115 厘米，下段残高约 110 厘米，宽 85 厘米，中间段缺失，现分嵌于祠堂两火巷墙壁。碑额曰"永垂致祭"，隶书，字径高 7 厘米，宽 10 厘米。碑文楷书竖排，共 16 行，字径 4 厘米，"我"字独起一行。原碑末立碑时间残缺不全，经查纪年表确定为"乾隆叁十叁年岁次戊子"即 1768 年。

全文如下：

我始祖辟基公，自宋季由闽入潮，卜居凤陇，历……今三十余世矣。先代建祠立蒸，仅敷辨祭。□因国初迁斥，祠遭兵燹，续虽修复，……又被飓圮。此祖祠之废置两更，兼又石□□被棍凿石伤墓，控官经年而无几。……变尽，此吾族之所稔悉也。迨岁之乙丑，裔孙太学生如先倡众重建祠宇，更新所费……诸祖垫出，已而落成，稍壮观瞻。然祭费缺之，□难措置。兹有太学生等暨诸……捐金暂行生息，年间祭期，稍资牺牲之需，将□余积置产，毋许籍事花费，务期厥……但捐血食立蒸尝，孝思可嘉。……嗣后遇祭祖之日，按照捐金每二……一勋，以答义捐。勒石遵守，俾后之子孙各承先志，勉力勖勖，慎毋废坠可耳！今将……开列于石：

三房孙雄士公捐银二两	二房孙采烈□捐银四两	□□□□□□□□□
二房孙君祉公捐银二两	二房孙采章□捐银二两	□□□□□□□□□
二房孙君言公捐银二两	三房孙采蔚公捐银二两	□□□□□□□□□
三房孙采旭公捐银二两	五房孙汝广公捐银二两	□□□□□□□□□
三房孙采英公捐银二两	五房孙汝运公捐银六两	长房孙兆俊公捐银二两
五房孙富彰公捐银二两	五房孙兆尚公捐银六两	五房孙兆告公捐银六两
四房孙广友□捐银二两	五房孙兆聘公捐银　两	五房孙瑞苑公捐银八两
二房孙采联□捐银十两	五房孙兆才公捐银三两	五房孙明苑公捐银二两
二房孙采凤□捐银　两	□□□□□□□□二两	
二房孙采昭□捐银六两	□□□□□□□□六两	

乾隆叁十□年岁次戊□□□月十三日立

该碑文首先详述了莫氏入潮创乡、建祠的经过，接着盛赞乾隆三十三年（1768）族众重修祠堂并踊跃捐立祭产之举。从中可见古人奉先思孝、慎终追远的传统儒家思想。

永垂　致祭

我始祖開闢公自东省田間入朝卜居鳳陽歷
文敕之进因國初迁於斯邑竞續雖傳後
簡延移石傷基經年而無幾
雖措置弊布大畢生
子暨諸
餘積叢產母許籍事花費路湖歷
同後遠建祠宇更新所買
之需將於後嗣祖墓可耳今得
之需將

子孫各承先志勉力勤填毋廢隆可耳今得

祭□□□□□□□□□□

114. 奉县主禁牌（清，乾隆三十八年，1773）

此碑不知原立何处，现嵌于缅先亭左壁。碑石破损严重，残高116厘米，残宽50厘米，碑额曰"奉县主禁牌"，楷书横排，字径8厘米。碑文共十七行，行36字，字径2.5厘米，末行署年月日。

全文如下：

乾隆三十七年十二月二十二日，据船户田振利、□□□、洪元辉、林万利、□□□□□□□苏穆利、李□利、萧文□、张得利、林应合、郑应千、张和利等具呈前事，内称：利等各邑船□揭发为载柴□，理向来投埠，与铺户定明、议明定价。□搬入铺或还银钱照依□价，出入无致□□。兹□公平付与庵埠□铺，交□价难以定□，还铜钱多□□钱□□争执不一。利等□由水路遥远，稽延时日，食费船租□繁。莫何以钱折银花边，每员愿照□价之外，得多铜钱五文与收本。买主奸贪勒索，每员花边增加铜钱四十文，遂索者清还□勒者。□□船户不□，多与买主角口，嚷闹纷纷，地保□合□，致打架酿祸。本年十月十二日赴弹压，呈禀准给示，张□□及月余已被风雨损坏无存。铺户□□告方复□勒增□等二月念八日起宪呈为示坏□□等事。奉批准另给示，发该地保□□如实贴张，风雨处所着，令收管。如有损坏，准该地保□究，合批□□□□凛遵，特示。

庵埠地方辽阔，铺户星散，地保时常更换，木拔可移、可易藏或□□无□□□□铺上。着利等船户，各属□□日□地保张挂未免滋生事端，孰若勒□竖碑埠□，通衢永远，百年使无虞计。法令常申势□□，恳恩准□勒以垂永久，以定章程。等□到□，据此当批准给示，勒石在案，合就勒石示禁。为此示谕：庵埠开张柴厂铺户人等知悉，□后凡有各县客船装载柴木投埠，铺户尔等务须公平交易，不得□□□钱。倘敢以钱□□□清花边，每员照依市价交收，亦无许违例勒□□□船户。如敢仍□前辙或旧者，□或□□□，定行严拿重究不贷。特示。

乾隆三十八年二月

该碑主要内容是县令为防止船户与铺户因工价发生争执打架，而规定章程并勒石立碑。从中可见当时商业贸易之活跃，作为潮州府海关总口的庵埠，各邑货船都得来此交易。

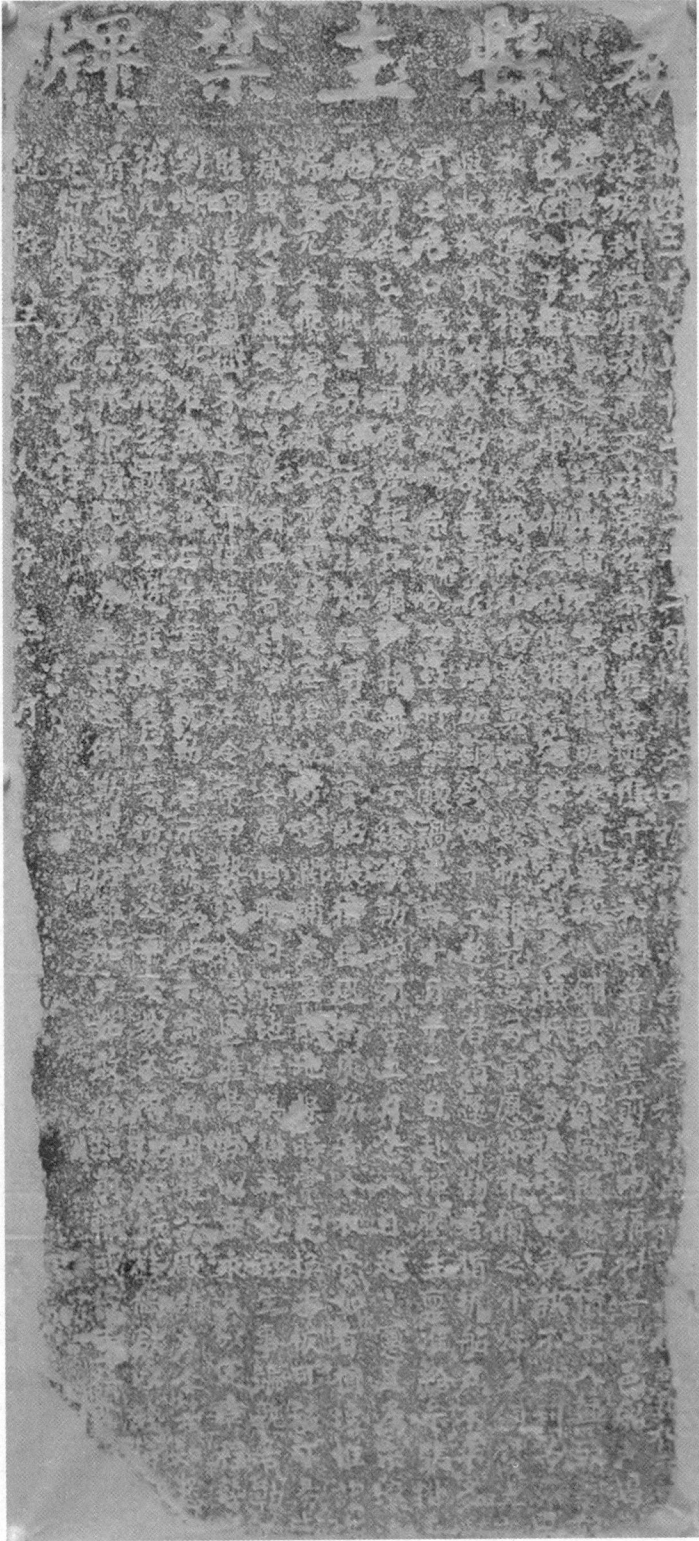

115. 勒石永遵（清，乾隆三十八年，1773）

此碑原立于旧通判署内，后置散于毗巷仁和里，现嵌于缅先亭后壁。碑高 152 厘米，宽 59.5 厘米，厚 12 厘米。额曰"勒石永遵"，字径 8 厘米，正书横排。碑文 19 行，行 35 字，字径 2 厘米，末行署年月，正书。

全文如下：

署潮州府粮捕分府兼管水利候补县正堂董，为恩恩示谕，勒碑以垂永远章程事。本年六月十五日，据皂快捕头役黄振等具禀前事，内称"缘本衙门承办战船由来已久，情因潮属式木经前砍取搜尽，兹奉建造关一门，而澄七三号等船需用式木甚多，务必熟谙船料者领价外出采买。但三班头役五十余人，其中庸干不一，暨无分别，是以彼此观望，互相推诿，致令公务稽迟。荷蒙宪台重国计，洞弊窦，亲点三班头役，每班拣选十人，留充头役，三班共计三十人。自兹以往，头役名数限定三十，不得增减，其余俱着为散役。且加恩三十名，中或有缘事斥革，以及禀退病故者，其人虽出，其缺仍存。若子孙力能承充，本班内众头役必念切故旧，一齐出具连环保结，举荐顶补，照前轮值，不然，则众散役中有堪拔补者，即着本班众头役出具确实连环保结，以便录充轮值，并着照条规，备照合约，给付原人收领，或交还子孙，以偿服劳。余等俯首遵奉，诚恐今日不勒石立定章程，异日必有夤缘滥充，仍蹈旧辙，势得恳乞恩准，示谕勒碑，庶章程永垂，棠荫千古等因"，当批在案，合就勒石。为此示谕书役人等知悉：嗣后三班头役，每班务以十人为率，三班共计三十人，不得增减，仍前滥充。如三十人中或有缘事斥革，以及禀退病故者，其缺仍存，若子孙能顶，尔本班众头役保结举荐，不然，则散役中有才堪顶充，奉恩校补，也务着照条规，备照合约给付原人收领，或交给子孙，以偿服苦。此本分府乃上为朝廷办公，下为尔等昼一，使人既有区别，事当踊跃争先。一竖永遵，斯为不朽。倘后之君子有莅兹土者，以亦共体此意，以鼓励向往，庶於公务有益焉。为此示谕碑记，

乾隆叁拾捌年岁次癸巳陆月　日示谕勒碑

该碑文内容是潮州通判因官方战船厂需人员外出采购式木，而对采购人员、人数安排及采购人年老病退由子孙顶替都做了详细规定。从中可见明代建立的广东四个官方战船厂之一直至清中期还设在庵埠境内，也证明当时庵埠的内河还相当宽阔通达，离海岸线也不远。

勒石永遵

羅定州正堂……出示諭草……重……永遵事照得……

本年六月十五日據邑快捕頭役黃振等呈稟前事內稱緣本衙門承辦戰艦即承乂以潮……因潮屬式木經前砍採取捒益奉憲飭關一詞邐七二號等船需用式木思多等必須……料推……令公務出採員但三班頭役五十餘人其中……不一壁並分別送……

相推薦致令公務權遵荷蒙……圖計同弊銀點三班頭役每班選十人留克頭後三班共計三十人已起以旺……過病故者其人雖出其缺仍存若子孫能頂補照前輪值不然則要散……頭後數限定三十不得增減恐今日不勒石立定章程批在案合就……

勒役碑底管程永垂千古等因當本班仍不得增減仍存右子孫能頂補本班……頭以及稟遵病故者其缺仍存若子孫能頂……

環保結以便照前輪值併着照條規倫照約給付原人永領或交給子孫以便……

俯首遵奉遵克頭輪值不勒石立定章程倫照約給付原人永領保結……

草……頭以及稟遵病故者其缺……板補着亦得照條規倫照合約……

堪頭克泰思板補着亦得……府乃上為……

朝廷辦公下為爾等畫一使人既有區別事當勵卑先一壁永遵斯善不朽俾後之……

土者亦共體此意以鼓勵向往庶於公務有益焉為此示諭碑記

……光緒年歲次癸巳……月……

116. 宪禁（清，乾隆四十六年，1781）

此碑原立于官里村池尾福德庙左近池边，现嵌于缅先亭后壁。碑高114厘米，宽44厘米。额曰"宪禁"，字径6厘米，正书横排。碑文9行，行19字，末行署年月，正书。全文如下：

署潮州粮捕水利分府、加三级纪录五次任，为保障民生事，本年二月十八日，据生员陈德、蔡和聚、陈智荣等呈称："前事等因当批准给示禁，除已往姑宽免究外，合就出示严禁。"为此，示仰附近士民人等知悉，嗣后该处榕树林木，不许地棍人等擅行砍伐，如有藉端占据砍伐之人，许该族耆地保立即拘解赴府，以凭严究，决不宽贷。毋违！特示。

乾隆四十六年二月日示

该碑文为官方所立禁止士民乱砍伐树木的示谕，从中可见古人因村落风水需要无意间保护了生态环境。

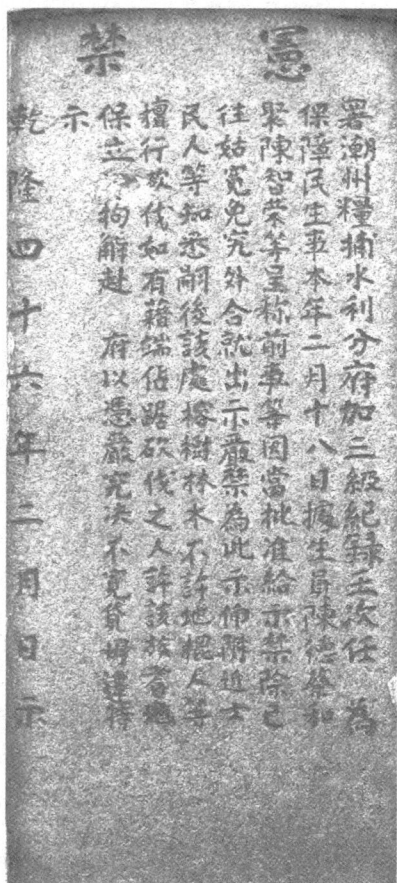

117. 本源堂碑记（清，乾隆五十八年，1793）

此碑现立于灵和寺藏经阁台阶旁右墙壁，高170厘米，宽63.5厘米。额曰"本源堂碑记"，楷书横排，字径7厘米。正文楷书竖排，共15行，行48字，字径3厘米，末行署年月及立碑人。碑外缘装饰一圈卷草纹，宽4厘米。

全文如下：

余生不辰，命途多舛，自思浮生若梦，身质匪坚，于乾隆十六年弃厌尘劳，皈依释教，诣寺礼师，上无下也。和尚师见云："小子有造，聊为印可"，遂择吉脱白。五十余年随师兴复海邑景韩诸寺，沐三宝，垂慈航，龙天默佑，俱各殿宇鼎新，金相庄严。凡遇甘苦，不敢偷安，诸山眷属之所共知。今年近七旬，老病兼至，所有常住事务，交徒华郁、孙喜恬等承任料理，即将平日粒积锱铢，皆从辛苦节省中来。置买粮质归一田壹拾贰亩陆分五厘，每岁计收租谷叁拾捌石肆斗。外又收当租壹拾肆石捌斗伍升，暨归灵和寺常住收租输课，上酬佛恩，下资父母。寺右接建本源堂一所，内祀清生身考文衡郑公，九月二十七日忌日；妣贤德宋氏，八月二十日忌日两主位。置买之租，分拨为忌讳年节之需。伏思三教虽殊，理归一致。诗云："哀哀父母，生我劬劳。未报之恩，曷其有极。"略陈苦衷勒之于石，以垂永久。惟愿子孙世守勿替，奕世不忘，大有厚望。是为记。

计开一契买粮质归一田五亩，大小四丘，年带租谷壹拾柒石。坐址石厝陇，土名三沟洋。

一契买粮质归一田肆亩五分，大小贰丘，年带租谷壹拾石叁斗。坐址石厝陇乡，土名石家祠前洋。

一契买粮质归一田贰亩壹分五厘，计壹丘，年带租谷陆石陆斗，坐址石厝陇乡，土名三沟。

一契买粮质归一田壹亩，大一丘，年带租谷肆石五斗，坐址石厝陇乡，土名北面畔石家祠前第三丘。

已上肆契田亩，粮课俱经投税，收割入本寺常住鳄都一图僧清溪户内差输。外又一当来粮质田贰亩伍分，当价大花边壹佰元，年带租谷柒石伍斗。坐址石厝陇乡祠前，土名渔洲洋。一当来粮质田贰亩贰分，当价大花边捌拾元，年带租谷柒石叁斗伍升。坐址渔洲乡前洋，土名白埕。

大清乾隆五十八年岁次癸丑正月日，灵和寺老人香溪达清立

该碑是灵和寺老和尚把类似遗嘱的内容立碑以永存。从中可见剃发为僧，本应六根清净的僧人也深受儒家影响，还要"上酬佛恩，下资父母"。

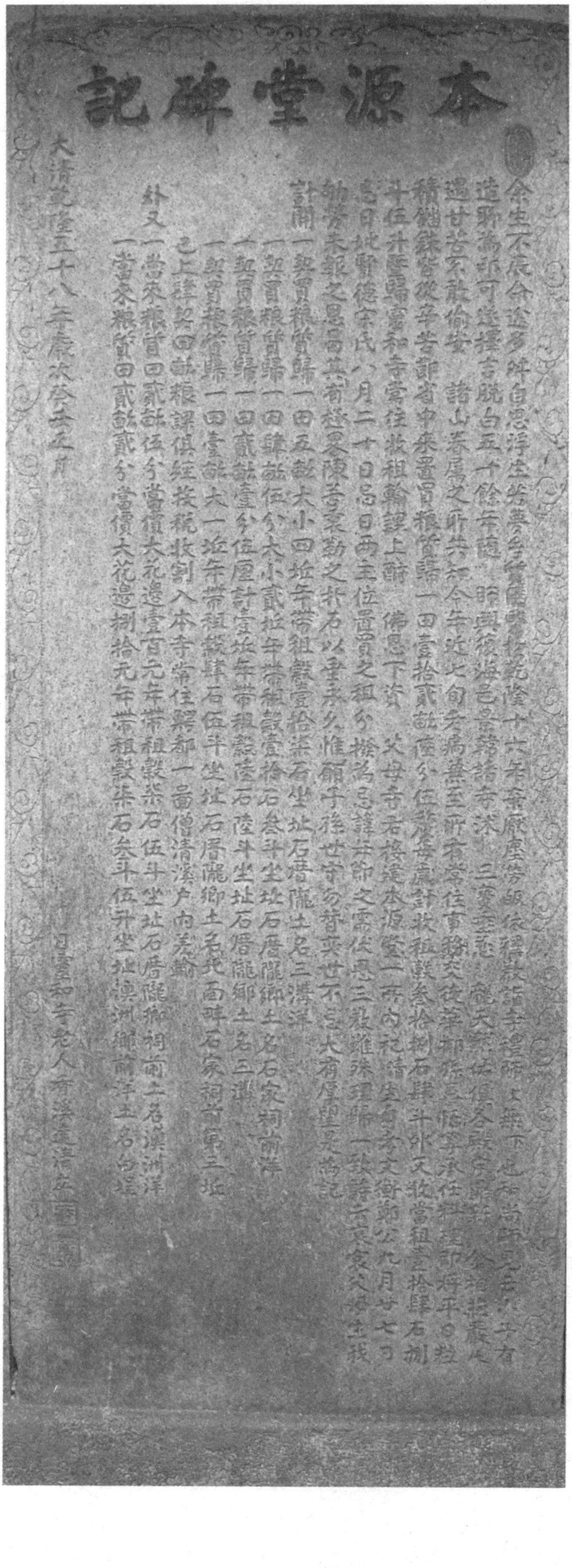
本源堂碑記

118. 北厝内公厅规条（清，乾隆六十年，1795）

此碑现嵌于郭陇村郭三北厝内后厅右壁，宽106厘米，高51厘米。碑文12行，行12字，字径3.5厘米；规条19行，行18字，字径2.5厘米。楷书阴刻，末字"告"另起一行。（碑名后加）该碑文是郭氏北厝公厅因子孙繁盛，为规范族人行为所议定规条。从中可见古代各村落有族老议定规条，对族人加以约束，在这样的环境中，人们自然而然就会严格规范自己的行为，养成良好的行为习惯。全文如下：

堂屋之建，所以报本追远，祀馨香於百世者也。自我祖讳创居公，卜筑于兹，百有余年矣。逮岁壬子遭回禄，越乙卯乃谋重建。诗曰："以似以续，续古之人。"文曰："以妥以侑，以绥百福。"其在此乎。但子孙繁盛，户口滋多，苟不立定规条，何以清洁堂基而昭世守。于是会众公议，俾环而居者得以安分守己，则苞桑之固可卜矣。为规条者六，因勒于石，以示不朽云。

公议规条开列：

一、议前后厅原系四时忌祭之所，并出入门楼，座务宜清洁毋得填塞物件。

一、议后厅为祖先神位，百世不迁，如遇父母百岁后者，仅设案柩于前厅，首七即移之外处。倘无事故亦以头旬为限，毋得恃强久留。

一、议神主立于神龛，以昭穆为序，及彝辈为止，其余下辈不得混入。

一、议前后房四条门路乃系派下子孙四时谒祖通衢，居前后房者，毋得恃近填塞己物，以阻出入。

一、议左右南北厅门外廊下乃系公地界，盖建质楠出于公，居南北厅者，亦毋得恃近填塞己物，以妨趋跄。

一、议厅后埕与前厅埕不得堆积草把，务宜谨防火烛。但草把积于外，恐为不肖者黑夜盗取，倘有巡觉报公者，众议赏银壹元。盗取之人永无与席，并派下无分神惠。

乾隆六十年岁次乙卯菊月榖旦立，公议颁告

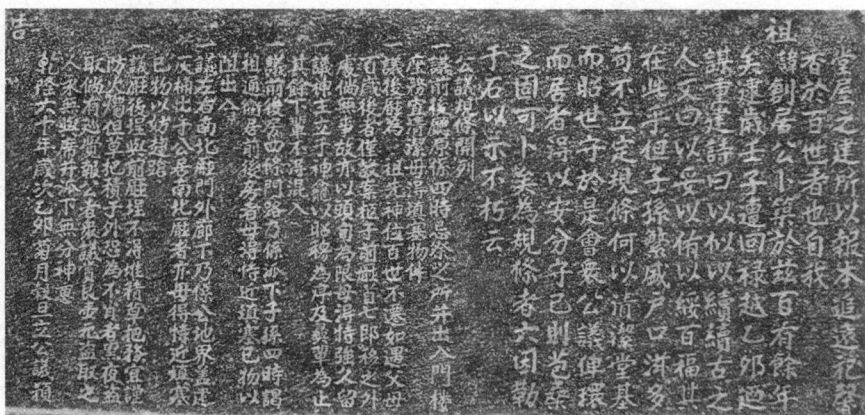

119. 捐设祭祀碑文（清，嘉庆十七年，1812）

此碑现立于官里村文祠二进左壁。碑文部分高 140 厘米，宽 63 厘米，厚 17 厘米，额曰"捐设祭祀碑文"，字径 6 厘米，正书横排。碑文共 16 行，行 40 字，字径 3 厘米，末三行署年月及立碑人，正书。碑座高 16 厘米。

全文如下：

神道设教，载诸经传，而春祈秋报，有功则祀，此又为天下古今所不废也。矧文昌帝君主持文教，权衡善恶，凡一草一木皆隶其化，天后圣母平涛静浪，福国佑民，海宇亿兆无不共沐鸿庥者乎！是以煌煌祀典，尊崇备至。今庵埠地方离郡城六十里，近接海阳，与揭阳、澄海各县毗连，士民稠密，商贾辐辏。向于柯陇乡建有文祠一座，供奉文昌帝君。太和埠建有庙宇数椽，供奉天后圣母，士民商贾熙熙攘攘，赴庙瞻拜者不一而足。此固民间祈福之心，亦当知神灵赫濯，报应不爽，潜德福，□□□之惧称强横，化顽梗，正于此而益昭矣。予分治此方，虽无善政及民，而入庙思敬，不能不悚然于神道设教之说焉。爰捐俸叁百余两，各口关书捐银壹百余两，共得花银柒百圆筹议生息，以为两庙岁时致祭之需。□据邑绅杨玉藻、林学名保举，当商承项经营，议此周年生得息银壹百零伍圆，随时缴署办理祭祀。恐日久弊生，此项银两或有侵蚀，殊非敬礼神明，垂诸久远之道。故牒府立案，兹并勒之贞珉，庶几明禋永垂，岁时常昭丰洁之祀。瀛海宁谧，遐迩咸敦畏敬之诚。神人胥庆，实于斯民有厚幸焉。

时大清嘉庆拾柒年岁次壬申仲春月勒石
粮捕使者兼海关榷务蜀鄞李腾霄撰
候补儒学教谕拔贡生杨玉藻书

该碑文是潮州通判为使庵埠文祠、太和埠天后宫祭祀香火不断，而把捐银承包给商户经营以收取息银用以每年祭祀。从中可见庵埠当时作为潮州府海关总口的商业贸易活跃情况。

李腾霄　四川鄞都人，嘉庆十年（1805）任潮州府通判。

杨玉藻　文里村人，乾隆丁酉（1777）科拔贡，官至候补教谕。

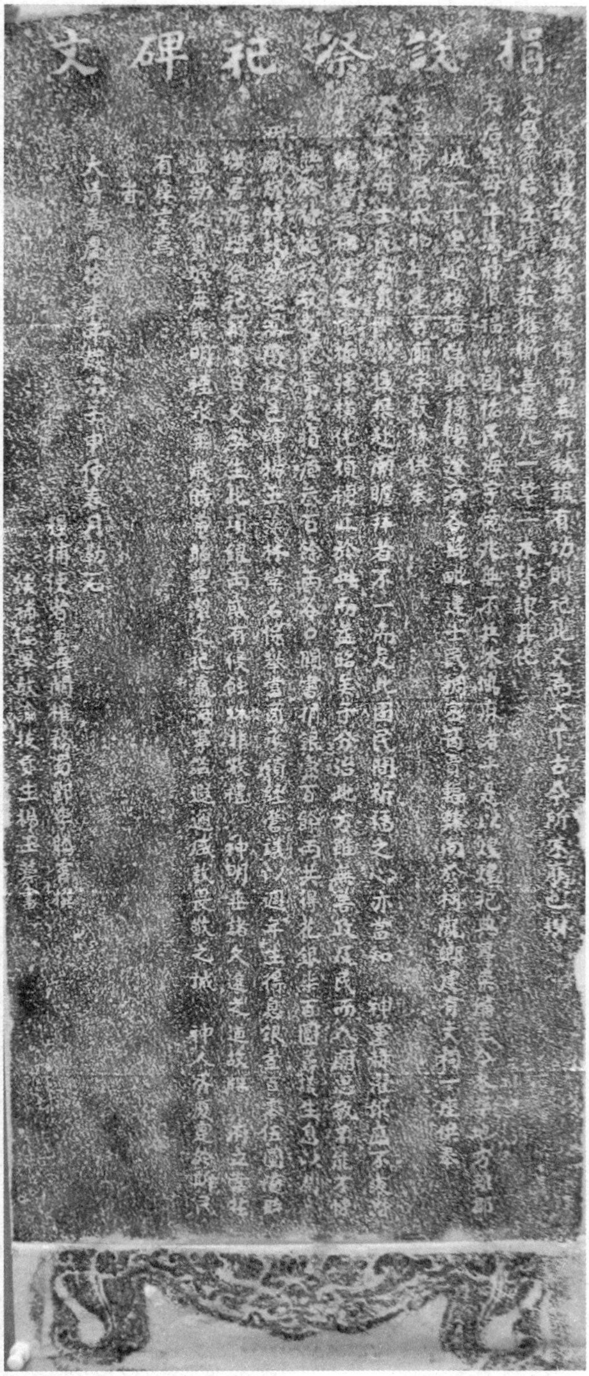

120. 杨氏家庙碑记（清，嘉庆二十二年，1817）

此碑立于外文村杨氏家庙首进右壁。高 120 厘米，宽 49 厘米，厚 12 厘米。碑文 13 行，行 29 字，字径 3 厘米。末行署年月日，字径 4 厘米。（碑名后加）

全文如下：

调署潮州府海阳县正堂加五级、纪录十次、记大功三次，特为合叩恩准示禁，以救血食事。本年四月二十八日，据杨振时、杨其宽、杨昌瑞、杨昌夏、杨永明金呈词称"时等住居内关，盖建始祖杨迪由公祠，土名石鼓乡道下。祭业地租田亩甚多，坐址土名灰路头、东郊等处，轮年配祭。祸因连年族匪滋事，族内势豪藉事享吞灰消蒸业，至于嘉庆二十一年几已失祭。上年十二月初五日，公议设请己祖木主入祠，每木主出银六百元，俾可始祖等流年祭费之需。杨若佑祖木主出银六百元，杨美雄祖木主出银六百元，杨蔚登租出银六百元，杨达武祖木主出银六百元，共银二千四百元，买蒸配祭。犹恐族内势豪仍藉事灰消，势得合叩案下恩出示禁"等情。到县当批准示禁在词，合行出示严禁。为此，示谕该乡士庶人等知悉：嗣后务宜安分守法，毋得将杨若佑等木主入祠出银买蒸藉端盗卖。如敢故违，许该乡房族立即捆送禀赴本县，以凭究惩。各宜凛遵毋违，特示。

嘉庆二十二年六月初四日示　发帖

该碑是杨氏族人因祭田被侵吞，以请神主入祠所得银两重新置买祭田，为防再被盗卖而请官府立示。从中可见族人盗卖祭田的事时有发生，难以杜绝。

碑文首行只有官衔漏刻姓氏，据光绪《海阳县志》，徐一麟，浙江人，进士，光绪十七年至二十二年任海阳县知县。

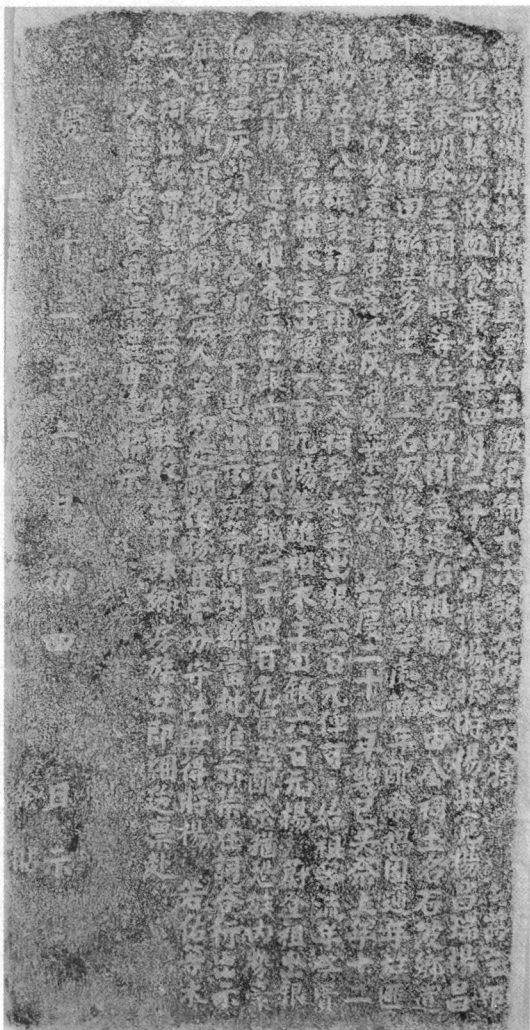

121. 奉道府粮宪示禁碑（清，道光二十六年，1846）

此碑原嵌于文阁旁围墙，现嵌于缅先亭后壁。碑高 69 厘米，宽 43 厘米。额曰"奉道府粮宪示禁碑"，字径 4 厘米，正书横排。碑文 6 行，行 10 字，字径 5 厘米，正书。全文如下：

谕此桥①系三都②必经水道，三洲俱宜疏通。兹奉列宪毁拆挖浚，嗣后，桥上毋得恃强再建铺屋，洲门不许堆积粪土，违者该堡禀究。

道光二十六年冬月立

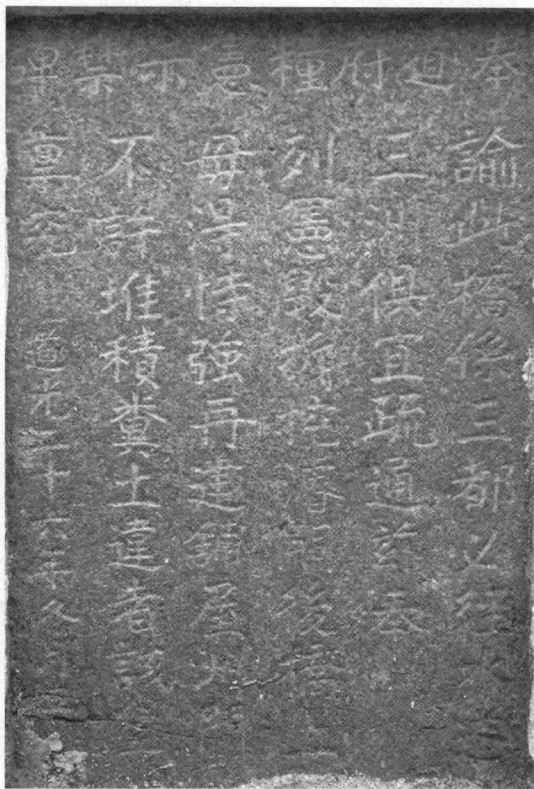

该碑内容为禁止民众在万和桥上乱搭建铺屋乱占位置。从中可见乱搭乱占这种现象由来已久，直至今日还屡治屡现。

① 此桥：指文昌桥（今万和桥）。跨庵江而凌驾于庵埠寨与文昌阁之间，为庵埠寨"聚星门"出入通道。
② 三都：鮀浦都（霞露、砚前、大桥、梅龙诸村原隶属澄海鮀浦都，1952 年割入庵埠）、南桂都（今东凤镇）、龙溪都（今庵埠镇）。

122. 奉宪示禁（清，道光二十七年，1847）

此碑原立于中兴街内关溪边，后被移至新市桥附近作踏头石，1983 年迁置缅先亭。高 127 厘米，宽 57 厘米，额曰"奉宪示禁"，正书横排，字径 10 厘米。碑文 17 行，行 28 字，字径 2.5 厘米，正书，末行署年月。

全文如下：

钦加升御管理海关税务、潮州粮捕水利分府英为严禁事，照得庵埠海口通衢，人烟稠密，所售货物，络绎往来。向来埠头货物起卸，除由本店自行携担外，如须备夫挑运者，俱系附近各乡轮流挑运，名曰埠摆脚。近有不法棍徒，藉埠摆为由，强勒补埠，把截私抽过埠钱文。又有郡城、樟林、东陇等处，货物来在梅溪过堤，过涵过驳，挑过鳌头等乡，匪徒也藉此把持勒索，殊干例禁。现经拿获陈厝街、西畴尾乡勒抽棍徒陈祚利、陈阿万，霞路乡勒抽棍徒陈阿鸡等，解县严办，并出示严禁在案。诚恐日久各乡棍徒故智复萌，除饬寨内外各行商铺户等，将担载工资议定章程，不准私给补埠外，合行勒石严禁。为此示谕行商铺户及担挑驳船埠摆脚人等知悉，此后除各行管下及包载船户自行起落驳载外，所有客货往来起载，应运应驳应挑，即照依章程，按工给资，不准挑夫驳艇强挑强载，把持勒索，强勒补埠过埠钱文。其邻近乡村在汕头及别埠买有货物米谷等物，来庵欲入本埠行铺，或付船载，由埠摆脚挑上，或自行肩挑，均不准恃强截挑，勒索补埠。如欲运入内洋乡村，经由处所亦不得把截私抽过埠钱文。如违，定行严拿，照例惩办。即各行商铺户乡贩人等，亦毋得私行补给，致违禁约干咎，特示。

道光贰拾柒年拾月二十四日勒

该碑内容是潮州通判缉拿勒索铺户的不法埠摆脚，重新设立章程。从中可见庵埠当时商业贸易发达，河流交通澄海、东凤等地，为潮汕内河重要货物驳接处。

奉　憲　示　禁

钦加
通衢人烟稠密，何售货
物络绎往来，而本镇
法棍徒籍埠摆为由，强勒
等处货物例禁，在梅溪退
故智复萌合行禁革，嗣后
索勒棍徒陈阿鸡等籍
补埠后合行勒革嗣
悲此後令合行勒革
应强勒应补埠过埠钱
来卷欲入本埠如欲运入
截挑如违禁索补埠如欲运
致違禁約干特示

道光贰拾柒年合月廿四日给

123. 浚河碑记（清，道光二十七年，1847）

此碑原立于竹排街口溪边，现嵌于缅先亭后墙。高 197 厘米，宽 67 厘米。额曰"浚河碑记"，篆书横排，字径高 16 厘米，宽 12 厘米。碑文正书，共 15 行，行 37 字，字径 4 厘米，末行署年月及立碑人。

全文如下：

潮郡，一泽国也。双溪口尤为韩江之下游。每当大雨时行，韩江之水建瓴而下，由急水塔分注双溪，灌入庵埠内河，而南桂、上莆、龙溪三都之地，遂成巨浸。从前河道深通，宣泄犹易。自双溪口淤塞以来，入则奔腾，出则涓滴，田庐淹没，动辄经旬，以故年谷不登，人民愁叹，都人士谋欲拯救之，而卒无成议。乙巳冬，余权判潮州。甫下车，即奉观察檄安开河。爰率各乡绅耆相度地势，南自海关前起至举丁止，计沙淤处一万零九百六十三丈；□□自亭祠前起至许厝塭、林四溪止，计沙淤处八千二百二十八丈有奇；西自水吼桥起至庄陇内洋交界处止，计沙淤处四千二百八十丈有奇，议一律疏浚深宽。又以双溪口为庵埠河道咽喉，议建水关一座，以堵外河洪水。相度既定，设局劝捐，富绅商贾之好义者，踊跃捐输，集银一万一千余元，于丙午二月兴工，至腊月告竣。是役也，总理工程者为职员陈祚鉴、监生杨成正，专司□籍者为监生郑其耀，绘图建策者为监生吴家光，丈量地段者为监生陈逢宪、杨思德，督工劝捐者为职员杨奎璜，生员陈环，监生杨美修、陈绳锦，诸绅士不辞劳瘁，成此大工。俾余上不负观察之委任，下不负斯民之属望，诚厚幸矣。虽然浚河建闸可免壅滞泛溢之虞，而捍卫田庐尤以堤工为紧要。若水关启闭以时，堤防修筑坚固，则三都数十乡永无水患。愿后之官斯土者，于堤工尤加意焉。

　　赐进士出身署潮州粮捕水利通判、前翰林院编修、福建道监察御史加三级、大兴陶沄
撰并书

大清道光贰拾柒年岁次丁未正月　立

该碑叙述了疏通庵埠河道对于南桂、上莆、龙溪三都免于水浸的重要性，及疏通工程的具体施工情况。从中可见庵埠旧时河道的网络状况，是不可多得的水利文献资料。

陶沄　顺天府大兴县（今北京市大兴区），道光九年（1829）进士，授翰林院编修。历任怀宁知县、惠州知府、福建道监察御史等。

濬河碑記

潮郡一澤國也雙溪口尤為韓江之下游每當大雨時行韓江之水驟漲而下由意水塘分流雙

漢灘入嶴單內河而南桂上蕭龍溪三都之地遂成巨浸使前河道淤通宣淺猶易自雙溪口於

嵾以來入則奔騰出則涓滴迴田盧港沒動輒經旬以故不登人民然愛鄉部人士謀欲拯救之於

而辛無成議乙乙冬余權判潮州甫下車即奉觀察開河發平自相度地勢南自嵥林四澳止於

海關前起至嶴丁止計沙淤處一萬零九百六十三丈有奇自蒙橋起至莊隴內洋交界處計沙於處四千二百八

沙淤處八千二百二十八丈有奇議一律疏濬深寬又以雙溪口為嵥華河道咽候讓建不關一座以堵外河水相屋防

十大有奇議一律疏濬深寬又以雙溪口為嵥華河道咽候讓建不關一座以堵外河水相屋防

既定設局勸捐富紳商賈之好義者為職員陳祚鑑監生楊成正專司籍者為監生鄭且耀繪圖達禾考

竣是役也總理工程者為職員陳祚鑑監生楊成正專司籍者為監生楊金薰生員陳禮鷹

監生陳純海諸紳士不辭勞瘁此大工俾余上不負籍者元於為午典二月興工十月竣事以塖外河淤於處四千二百八

美修陳純海河建閘可免壅滯泛溢之虞而揮斯土者於隈工尤加意焉繪圖達禾考任下不負民之庶屋故開以府隈防

幸吳雖家光文量地段無者為監生楊思德督工勸捐者為職員楊金薰生員陳禮鷹

修築堅固則三都數十鄉永無水患願前翰林院編修福建道監察御史加

賜進士出身署潮州糧捕水利通判前翰林院編修福建道監察御史加三級大興陶澍撰并書

大清道光貳拾柒年歲次丁未正月 立

124. 重建文阁碑记（清，道光二十七年，1847）

此碑原嵌于文阁围墙，现嵌于缅先亭后壁。高234厘米，宽67厘米。额曰"重建文阁碑记"，字径高12厘米，宽8厘米，篆书横排。碑文15行，行52字，字径3.5厘米，末行署年月及立碑人，正书。撰文及书写者为陶沄（生平见"浚河碑记"篇）。

全文如下：

士君子据怀旧之蓄念，发思古之幽情，虽荒亭废榭，枯井颓垣，犹将溯旧迹于先朝，寻遗规于榛莽，而况杰阁撑云，卓为文笔，壮海滨之形势，祀天上之文星，可听其湮没而不思建复乎！龙溪大鉴洲旧有文昌阁，为前明尚书熙春林公所建，载在郡志。崇祯间遭土寇黄海如之乱，毁于兵燹，地为居民侵占，竟成市肆，茅檐蔀屋中基址犹存，二百年来无从有倡重建之议者。己亥春，职员陈祚鉴、郑应时等，以培植斯文、起衰兴废为己任，议清厘旧址，续民房二十间，重建斯阁，光复前规。邀集众绅士呈请邑令，邑令允其请，于是阖都士民踊跃捐输，得银一万一千有奇。鸠工庀材，众力合作，建高阁三层，丹楹刻桷，缭以重垣，仍奉文帝及奎宿祀之。阁之右建崇享祠三楹，以祀捐资者之祖先，所以报有功也。祠后筑凌云楼六楹，选各乡俊秀子弟肄业于中，所以培后起也。复以余银三千余元，购寨内铺屋，为延师膏火及祭祀花红卷资之用。岁阖绅士四人共司其事。自创造以来，于今八载，有条不紊，立法已云尽善，司事者犹虑其久而或渝也，拟勒石以垂永远，请余记其事。余考林尚书之建是阁也，谓韩江巽方无山，故文士怀奇，鲜登要津，素封拥资，难积累叶。余谓形家之言姑不必计，即以祀神明，培学校，隆报享，皆士君子居乡所必当讲求之事，陈君等可谓知所急矣。异日人文蔚起，科甲蝉联，与有明争盛，非诸绅士培植斯文、起衰兴废之力哉！余承乏斯土，膺诸绅士之请，不能以不文辞。爰为之详述颠末，以登诸石。

司事：职员陈祚鉴、职员郑应时、生员林书、生员陈环、生员黄茂、生员陈思栽、例贡杨昌松、廪生曾辉映、廪生王宗泰、生员陈达源、监生杨思德、监生林理镇、监生黄瓒、监生陈振枝、监生郑其勋、监生林嘉修、监生杨时骏、业儒杨其点、业儒杨克衍。

赐进士出身署潮州粮捕水利通判、前翰林院编修、

福建道监察御史加三级、大兴陶沄撰并书

大清道光贰拾柒年岁次丁未正月吉旦

该碑先叙述文昌阁的由来，接着就重建工程做详细的介绍。从中可见新任通判对于庵埠人文培植的重视及其不迷信风水的开明态度。

照片（上图）拍于 1949 年，正中建筑物为"先达崇享祠"，后面三层楼阁状建筑物即"文阁"。

125. 修堤碑记（清，光绪二年，1876）

此碑原立于官里学校文祠左廊，现嵌于缅先亭后壁。碑高188厘米，宽61厘米。额曰"修堤碑记"，字径7厘米，正书横排。碑文15行，行54字，字径2.5厘米，末行署年月，正书。

全文如下：

窃维利害攸关，莫大于水；祸福所倚，莫要于堤。然水之消长由乎天，人不得而主之；堤之安危存乎人，天亦不得而夺之。盖捍水以堤，堤坚则水不能害，所谓人定胜天者，此也。龙溪之堤千余丈，田园庐墓，环卫其中，坚治之功，惟人是赖。当其工力低薄，培累修筑，理宜通力合作，以峻其防。及其水势浩荡，守御弥缝，尤宜分责专司，以救其急。今蒙列宪督修全堤，已高坚矣。而各乡分段专任，责成不得不胪列彰明，使知自保。计自鳌头涵起至大鉴关止，所有分配各乡堤岸长短俱标明，勒石以垂永远。

刘陇刘分得堤叁十丈。凤廓郭分得堤陆十丈。东陇、溪口洪分得堤十贰丈。西陇杨分得堤贰十丈。沙池杨分得堤贰十丈。开濠李分得堤叁十丈。岐陇许分得堤贰十丈。薛陇薛分得堤叁十丈。东郊庄分得堤贰十丈。龙厦陈分得堤拾伍丈。开濠蔡分得堤十贰丈。路头蔡分得堤十贰丈。开濠郑分得堤拾伍丈。庄陇林分得堤叁十丈。官路吴分得堤贰十丈。陇东唐分得堤四十丈。龙厦杨分许姓堤十丈。仙溪李分得堤叁十丈。龙见王分得堤十四丈。陇头陈分得堤贰十丈。陇头下乡林分得堤贰十丈。薛陇蔡分堤十丈。薛陇曾分堤四丈。东陇杨分堤五丈。仙溪林分堤三丈。仙溪郸分提五丈。陇头洪分堤十丈。庄陇郑分堤六丈。攀龙潘分堤叁十五丈。马陇仔杨分堤四十五丈。柯陇东社分得堤贰十丈。柯陇西社分得。堤贰十丈。柯陇南社分得堤贰十丈。柯陇北社分得堤贰十丈。庄陇庄分堤叁十五丈。田东仔陈分堤六丈，原五丈。桥边杨分堤十丈。龙厦李分堤叁丈。岐陇陈分堤捌丈。岐陇郸分六丈，从前无。棉洋分堤十伍丈，原十丈。西山分堤十伍丈，原十丈。石鼓仔杨分堤乙十五丈。西畴尾陈分堤乙十五丈。东郊谢分堤贰十五丈。薛陇莫分堤贰十五丈。仙溪陈分堤贰十七丈。陇头上乡林分堤贰十贰丈。茂龙陈分堤四十五丈。龙厦许除割十丈与杨姓后，该得堤五丈。溜陇郭添加陈姓堤十丈，该得堤贰十四丈。溜陇陈除割十丈与郭姓后，该得堤十丈。仙溪杨除割二丈与王姓后，该得堤捌丈。仙溪王添加杨姐堤贰丈，该得堤四十贰丈。桥边林分得堤乙十五丈，原得堤贰十丈。上林林分得堤乙十五丈，原得堤二十五丈。梅溪金、洪、陈、郭、曾共得堤三百丈。厦吴吴、陈、谢共得堤乙百丈。陈厝街陈、魏、周共得贰十五丈。池美都华美、蕉山、黄坑三乡，共得堤伍丈六尺。大鉴陈自许陇桥至大鉴关，让乡自保乙百余丈。官路张分得乙百六十丈，缘住堤边，急时近而易得自保。

一、夏吴、梅溪两乡本属南桂，缘住堤边，在龙溪界内，故夏吴分壹百丈，梅溪分叁百丈与他自保，急时近而易得守御。

一、华美、蕉山、黄坑三乡本系揭属，共当祸福，与龙溪比邻，故少分伍丈六尺与他保守。

大清光绪贰年岁次丙子春月龙溪都绅士立

该碑文就各村对于韩江大堤庵埠段负责长度做了详细的记录。从中可见当时各村落居住人数、姓氏等情况，是了解当时社会结构的重要历史资料。

126. 严禁强乞碑（清，光绪三年，1877）

此碑嵌于刘陇乡南门墙壁，高 87 厘米，宽 36 厘米。碑文正书竖排，共 12 行，行 36 字，正文字径 2.5 厘米，款识字径 3.5 厘米。碑额另加。

全文如下：

钦加同知衔海阳县正堂、加十级纪录十次樊，为出示严禁事。现据职员刘策修、刘德照呈称：伊等附近东陇乡，从前龙溪丐首派丐子老萧搭寮居住，仅取各乡白事利。老萧死后揭属来一李姓烂匪，不敢出名，丐首冒认引□附近蛮乡顽泼癞疥之徒为丐，聚集癞疥寮□夫□。偶遇红白事，故扰勒难堪，倘有死涉可疑辄则以讳命为题，必欲平分家伙，稍不遂意飞祸立至，诈死勒索，扛尸图赖种种恶毒，谁与结怨。本月初三午，恶丐万利到斋乞食，偷窃塾师黄可源茶罐被获，拟以送，丐惧求释，时有职员邱南山从旁劝息，丐去后挟恨不灭。越日，先使丐伙阿全□藉乞寻衅，该丐首老李带同万利等至斋觅□塾师，乘机□毁抢夺。叩乞出示严禁，饬差拘逐典籍等情。到县据此□批揭示外，合行出示严禁，为此示谕各乞丐人等知悉，尔等因贫乞食应听主家酌量付给，何得持众强乞，及乘间偷窃、寻衅滋闹。自示之后务□痛改前非，倘敢故违，一经访闻或被告发，本县定即严拘到案，从重究惩，决不姑宽，其各凛遵毋违。特示。

光绪三年十一月初六示　发贴

该碑文为海阳县知县示谕丐帮弟子不得借事入乡强乞、强抢。从中可见清末匪徒横行、民不聊生的社会乱象。

另，刘陇乡新门斗墙壁另有内容相同碑石，但尺寸为高 110 厘米，宽 32 厘米。应是同一示谕而分立各村门。

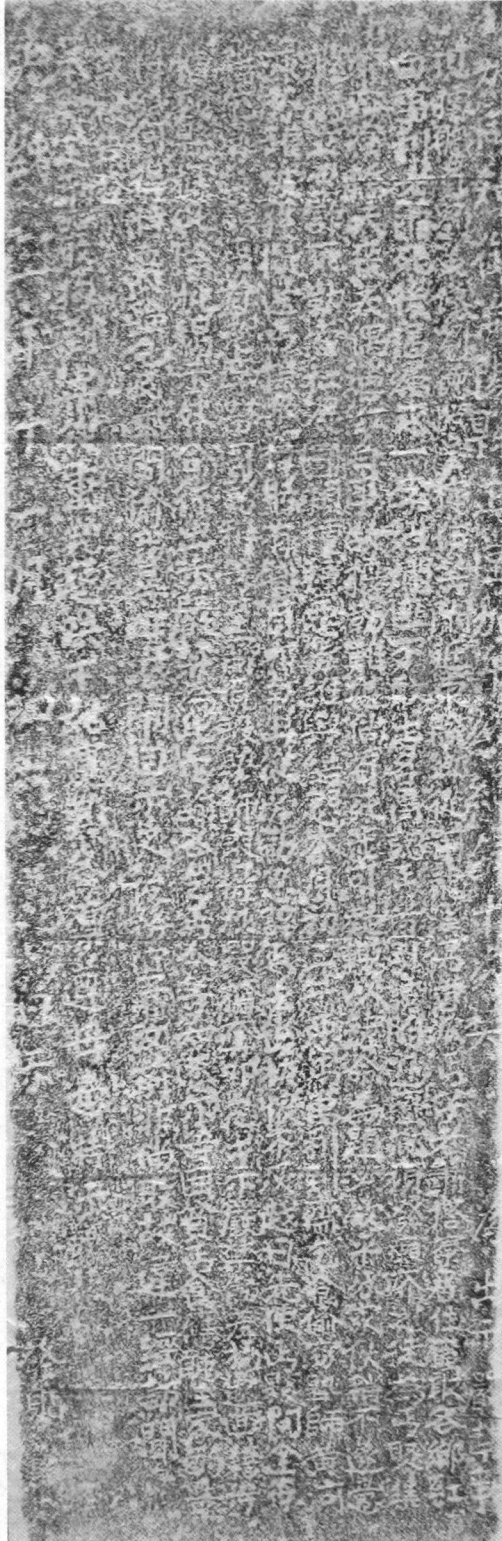

127. 严禁借死图赖碑（清，光绪十二年，1886）

此碑现立于刘陇村新门斗墙壁，高136厘米，宽63厘米。碑文正书竖刻，共行22行，行52字，字径3厘米。此碑有二奇，值得考究：其一，碑中所述事情发生在惠来县隆江都，禁示碑却立于海阳县龙溪都；其二，此碑文序混乱，前后颠倒，胆敢把官府示谕刻成"错版"，在庵埠现存碑记中尚属孤例。（碑额后加）

全文如下：

钦加二品衔调署广东分巡惠潮嘉道高廉兵备道　益
钦命提督广东全省水师军门展勇巴图鲁　方
钦命署理广东潮州府总镇敢勇巴图鲁　戴
钦加三品衔广东潮州府正堂　朱为

李廷祥贡生吴近光生员唐文英职员萧济广生员唐家风廪生唐庸熙生仅一端，最甚者莫如田租钱债，强计反侥，至于服毒严禁，借死图赖。给示勒石以挽浇风，而垂久远事。现据惠来县隆江分局恩贡生，勒索习俗之恶，实堪痛恨。历蒙郑步云监生、郑桂杨监生、林蕃监生、谢日旺职员、郑锡俊监生、林源等禀称，缘隆江恶习相沿不言轻，未能承命整顿，亦风气之靡，主唆者阶之属也。伏思服图赖，又有一种无知妇女因家庭口角细故轻生自缢，死亲听，唆借命抄抢起见准即严禁出示给生等各上宪多方示禁，议定收埋章程诰诚周详，此风终不能息□由生等悉司局办薄毒图赖例有明条借命唆勒罪有应得浇漓之风诚不可长为此联名金陈恳乞恩施格外□念生等为地方恶习户晓无知者咸懔三尺知保性命不敢轻生庶恶习除地方安良民免至受害行见俗□风潜等情据此查潮属民钱债细故或持刀索讨或服毒自残因而亲属登门任意图赖又有以睚眦凤怨或特勒文于石分竖各处俾家喻使审实辩诬而被诈者已不胜其鱼肉查律载将尊长卑情恳憨民俗浇漓无因怀挟微□动辄借端嚇诈常有以者准自画抢夺论又例载将家中已故亲属或将他处路毙闲人设谋图财藉死者抄抢甚至架□情节赴控重情即幼及他人身死图赖人者随所告轻重并以诬告于人律反坐论罪者因而诈取财物者讫赃准窃盗论抢去财物人无论含及手足他物俱拟斩决各等语良以家庭变故倍切伤怀道路遗骸见之悱恻而及忘哀妄逞借为诈骗因事轻生设谋故知杀其情罪尤为□□律例另有明条此为风化所关执法断难宽假父母死身装点伤痕图赖他弊亟应申明禁令通饬各属一体泐石永远示禁为此示之端架祸图财致有暴露之□居心险恶罪不容诛况复案定行按律治罪并将主谋前经出示严禁所冀稍挽颓风现据具禀前情未能尽除陋俗更恐各属亦有前项情谕各属绅民人等知悉嗣后如有怀挟凤嫌轻生图赖或将亲属及他人死身借命勒诈抄抢者一经查出护解到之人严行究办仍责成各乡绅耆随时查察禀究倘有徇庇定当严惩不贷凛之切切特示

光绪十二年七月

该碑文混乱，经辨读应是官方禁止民众不得借死赖账、勒索、抢抢等。从中可见当时潮汕各地的混乱状况，难怪朝廷需派方耀前来清理积案。

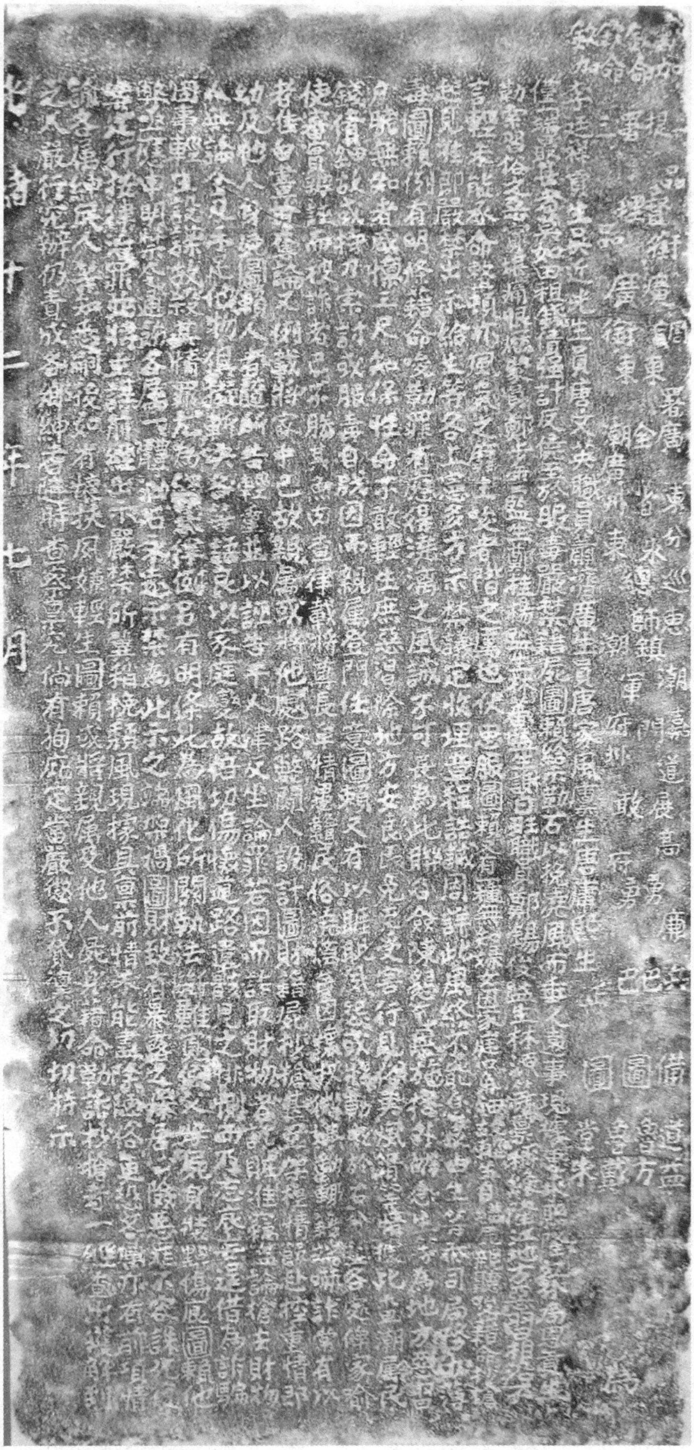

128. 奉宪勒石（清，光绪二十六年，1900）

此碑原立于文里村谢氏宗祠内，后祠塌散置，现嵌于缅先亭后壁，高 106 厘米，宽 44 厘米。额曰"奉宪勒石"，字径 8 厘米，正书横排。碑文 14 行，行 30 字，字径 3 厘米，末行署年月，正书。

全文如下：

署理潮州粮捕水利分府，尽先即补军民府兼管海关税务加十级纪录十次黄，为出示禁止，准其勒石以垂久远事。现据海邑东郊乡光裕堂职员谢永成、谢永光、谢永修、谢聘三、谢俊标、著民谢永祯等赴辕禀称，缘族中有不知子弟，每以祖遗厝屋擅卖异姓，盖建杂处，皆只贪目前之财，胥忘后日之患，诚恐日久异姓暂多，谢姓暂少，多相逼害，无以安居。况本乡配有堤段人丁稀少，财定不敷，倘异日遇有妨碍，若欲修筑，诚恐题派不起，有误于事，其为祸伊于胡底。因此集众公议，凡各房子孙将祖遗瓦屋欲行典卖者，须由族众公议，按照时价给银承卖本族，不得与外乡异姓之人私相授受，金乞示勒石以垂久远等情。据此，除批揭示外，合亟示禁。为此示谕尔等知悉，嗣后凡尔谢姓各房子孙，欲将祖遗瓦屋典卖者，须向本族告知，由族众公议，按照时价给银承卖本族，不准卖出外乡异姓之人，以固本枝而垂永远，并准其勒石存案。倘敢有违，许尔族绅耆捆送惩治。其各懔遵，切切毋违。特示。

光绪贰拾陆年柒月初陆日示

告示　发贴晓谕

该碑为谢氏族人请官方立示，禁止族人把祖屋卖与外姓，须公议后卖与本族。从中可见旧时各姓氏为使宗族凝聚不受外侵，简直用心良苦。

奉憲勒石

署理潮州糧捕水利分府儘先即補軍民府兼愛澳顧税務加十級紀錄十次曾　為

出示禁止准其勒石以垂久遠事現據海邑東鄉光裕堂職員謝允成謝允　
光謝永修謝聘三謝俊標等民謝永領等赴轅稟稱祿中有不知于家以久　
祖遺厝屋擅賣異姓蓋建雜處皆祇貪目前之財賣志後日之患誠恐日久異　
姓暫少多相過害無以安居況本鄉有叚有堤叚人丁稀少財定不　
禰異日週有防碍若欲將祖遺厝題歀行典賣者須由族眾公議按照時價回不　
集眾公議兄各房子孫將祖遺瓦屋題歀賣者須由族眾公議按照時價給　
銀承賣本族不得與外鄉黑姓之人私相授受兾嗣後尽爾謝姓各房子孫就　
此除批楬示外合行示禁為此示諭爾等知悉自示諭後尽爾謝姓承賣本　
祖遺瓦屋典賣者須向本族為告知由族眾公議按照時價給銀有違　
書出外鄉黑姓之人以固本枝而垂永遠并准具勒石存案倘有違　
紳者細送懲治具各懍遵切切毋違特示　
光緒貳拾陸年柒月　　　　　　　初陸日示

129. 奉宪立石（清，光绪三十一年，1905）

　　该碑不知原立于何处，现嵌于缅先亭后壁。高132厘米，宽59厘米。碑额曰"奉宪立石"，正书横排，字径8厘米。碑文楷书竖刻，共17行，行40～42字不等，字径3厘米。首行署官衔，末行署年月日，字径约6厘米。

　　全文如下：

　　赏戴花翎、补用直隶州、署理海阳县正堂、加十级纪录十次顾，为出示晓谕事。现据保安总局绅董李芳兰、钟倬芳、王延康、黄桂荣、王廷献等联名禀称：潮属背山面海，田少丁多，田园不敷耕种。故贫民赴外洋营生者不知凡几，稍有积蓄，束装回籍。至庵埠、郡城东门外等处，每有匪徒多方勒索，而以庵埠为甚。间有该商黑夜抵家，其家属自搬行李，而若辈闻知拥众至家索扰者。故洋商回家每多裹足，屡奉明诏保护，各乡明达绅耆亦曾多方告诫，而恶习相沿，未能尽改。理合□议章程，叩乞示禁，等情到县。据此查洋商回籍，迭奉大宪，□饬保护，均经遵照，办理在案。如果匪徒胆敢勒索，定属蔑法。据禀前情，除此批揭示并谕局处，合行出示严禁。为此示谕诸邑人等，即便遵照□□章程□□。嗣后洋商回家，挑运行李均应听其自便。自示之后，如敢故违，许该洋商就近投明该处公局或□□□□，以凭差拘严办，决不姑宽，毋违特示。

　　一、无论水陆地方，所有洋商上落行李货物，如至亲家属或同乡之人前来接送，搬□□□□□便□□强乡匪徒霸挑勒索及夺行李。

　　一、凡洋商上落行李，如无家属乡人接送搬运者，则由该商自行雇人，工价多寡□该商□□□□□运。如物少人多不得混争搬运，藉生事端，亦不准拥众跟随到

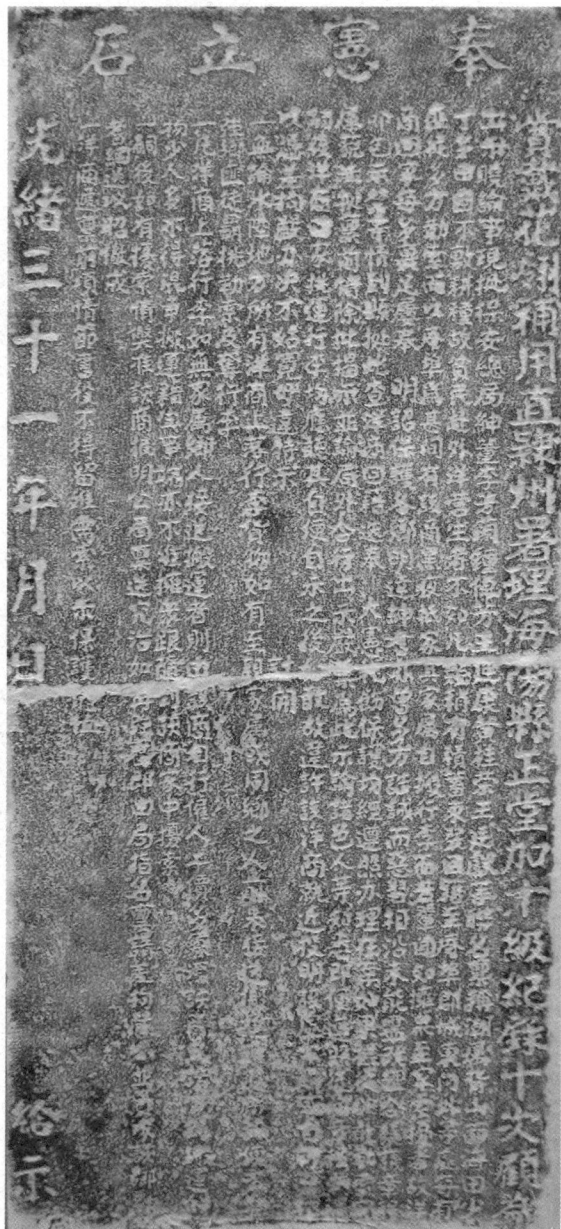

该商家中扰索。

一、嗣后如有扰索情弊，准该商报明公局，禀送究治。如再强□，即由公局指名，禀请差拘严□，并责□该乡绅者捆送，以昭儆戒。

一、洋商递禀前项情节书，役不得留难，需索以示，保护□恤。

光绪三十一年月日　　　　　给示

该碑为官方禁止匪徒勒索府城东门、庵埠码头回乡洋商。从中可见出洋侨民海外谋生不易，回乡还遭勒索的惨状。

顾永懋　字树斋，浙江人，捐职，曾任海阳、饶平知县等。

李芳兰　家住潮州市区双忠宫巷，同治十二年（1873）举人，拣选知县，曾任琼州府临高县儒学。光绪十四年（1888）参与编纂《海阳县志》，1904 年至 1906 年任潮州商会第二任总理。

王延康（1863—1925）　字稚筠，号约公，晚年自称"约园主人"。潮州枫溪英塘人，清末举人，拣选知县。民国时期，曾任汕头市税务局局长、《汕头商报》主笔、汕头孔教会会长等。多才多艺，为当时著名书画家，且通音律，工诗文。

黄桂荣　字翌臣，家住潮州市区佘府街，光绪二十七年（1901）举人。

王延献　字少文，庵埠仙溪村人。清光绪年间举人。曾参加维新运动，废科举后回乡创办明诚小学，倡立龙溪中学、汕头青年会。

钟倬芳　待考。

130. 潮汕铁路[①]（清，光绪三十二年，1906）

此界碑原立于庵埠火车站月台旁（今庵埠镇政府附近潮汕公路段），后铁路拆毁散置，现嵌于缅先亭后壁。碑高 77 厘米，宽 18 厘米。字径 12 厘米，石质阴刻，该作品以魏碑书就，方正有力，骨力洞澈。当出自名家之手，惜无款识。

当年潮汕铁路沿线应是界碑林立，但留存至今者只有在庵埠发现的三块（石质），以及在浮洋发现的一块（水泥、柱状），潮州及汕头市区皆无发现。

上图为清末外国传教士所拍潮汕铁路庵埠马陇溪桥旧照，铁路桥现已改建为公路桥，至今仍称"铁桥"。

---

① 潮汕铁路：乃连通潮州城与汕头埠之大动脉，由梅州华侨张煜南兄弟集资兴建，光绪三十年（1904）八月开工，三十二年（1906）九月竣工通车。自潮州西门外至汕头厦岭，沿线设汕头、庵埠、华美、彩塘、鹳巢、浮洋、乌洋、枫溪、潮州等站。光绪三十四年（1908）增筑意溪支线至竹竿山，全线 42.1 公里，民国二十八年（1939）六月因日寇入侵而自行拆毁。

131. 创建志成堂祠记（清，宣统元年，1909）

该碑立于龙坑村伯愚公祠大门后左壁，高 125 厘米，宽 60 厘米。楷书竖排，首行为碑额，曰"创建志成堂祠记"，字径 3 厘米；碑文总 19 行，每行 38 字，字径 2.5 厘米。末行署年月及立碑人。

全文如下：

窃我祖伯愚公，自廿四世分支以来，人丁成百，多系耕农。未创专祠，因艰于得地，而且艰于筹资。适光绪丙申芳安葬先君，与地师韵林李君偶步本乡之东隅。对芳而言曰："此处水口龙脉，若得建祠，子孙定卜昌盛，君其图之"。芳闻言不禁喟然曰："地非己业，建非免资，以空虑而美他人物。虽曰有志竟成，果真巧妇能为无米之炊哉？"然芳亦从兹旧念，因难设法，费十余载之经营。迨该地到手后，遂谋之祖派下诸叔侄，议捐木主为创建之资，每位题银五十元。自伯愚公至可辈与嘉辈，三代祖叔伯原无蒸尝，其木主慨免捐题，应请进祠供奉。惟廷辈以下共题木主三十六位，大银一千八百元。草草构造，尚欠八百元无从筹出。芳不得已将自己薄产并先考祭业，权取质抵，以充其额。计自光绪戊申九月秒兴工，至宣统元年告竣，其间四阅月而堂成，门庭（轩）然，栋宇光华，可以设裳衣、可以陈宗器、可以荐馨香而序昭穆。登堂，父老不胜欣然曰："微吾侄之力不及此。"芳起而谦曰："非也，乃祖若宗在天之灵默助，诸人之志以成之耳。"于是，因名其堂曰"志成"，愿吾祖派下子孙将来各能体承先志，再添祭业，血食千秋，椒衍瓜绵，光前裕后，则芳之所厚望焉。是为记。

一、建祠买地除两旁割归兰记为己业外，实银三百元。

一、盖建五行一切并油漆、进祠戏席、工仔什用连上地价，合共银三千六百元。

一、列位先祖因薄蒸尝，惟廷表公有田数亩，大祭日出银三十元，故另设席分献配享。

一、克从公木位捐银四百元，另设席分献配享。

一、兰亭禄位捐银四百元，千秋后另设席分献配享。

一、木主共捐银一千八百元，合共捐银二千六百元。完记。

宣统元年元月蓝翎五品衔、潮镇右营左哨二司把总、三十世裔孙兰亭桂芳等吉旦立。

碑文详述了郭桂芳创建"志成堂"的经过及祭银细目。从中可见旧时创祠立族之不易。

132. 庵埠海关地界（清，年份不详）

　　此界碑原立于连杉街万和桥头潮海关庵埠分卡处，碑高96厘米，宽29厘米。字径10厘米，正书阴刻，现嵌于缅先亭后壁。

　　康熙二十四年（1685）粤海关设立，立庵埠海关为第三总口，下辖双溪、溪东、汕头、潮阳、后溪、海门、达濠、澄海、卡路、南洋、府馆、东陇、樟林、黄冈、马塘、北炮台诸口。庵埠总口实为潮州府海关，关址设于庵埠连杉街万和桥头。咸丰三年（1853）妈屿海关设立，称潮州新关，庵埠总口及所辖各口均归其管辖，庵埠总口缩为分口。咸丰十年（1860）潮海关在妈屿设立，1915年设潮海关庵埠分卡，1931年庵埠分卡撤销，关址变卖，庵埠海关自此不复存在。

庵埠总口图（双溪口、溪东口、汕头口附）　谨案：此系正税总口，在潮州府海阳县，距大关一千六百里。溪东口、双溪口、汕头口，均系挂号小口，并在海阳县，同为庵埠总口所辖。

133. 海阳县知事方瑞麟示（民国二年，1913）

此碑高 110 厘米，宽 46 厘米，厚 10 厘米。首行为碑题"海阳县知事方瑞麟示"，碑题连碑文共 14 行，行 31 字，字径 2.5 厘米。末行署年月，字径 4.5 厘米。碑石原散置于仙溪村丽云幼儿园附近路边，笔者已将其移置仙溪宫中保存。

全文如下：

现据公民王少文等禀称：窃惟古者神道设教，举凡山川土榖圣者，节烈诸神，咸列祀典，无非存本原之义，表现惑之诚慨。自后世迷信者流祸福中，于心□□□，于习相率，而乞灵偶像，风斯陋矣。本镇之有仙溪宫、南海庙也，一祀三山国王、一祀南海圣王，由来已久。各姓轮值灯首，于每岁端月奉神出游。而值事各户，必盛备彩仗景马以随之，鼓乐喧天，演剧遍地，极靡舞奢致。富者几耗中人产，而食者又从祀典贷，竞掷金钱于虚牝。不从无益，且又引动游人，蜂攒蚁聚，小则□□窃贼，大则不法恶少，结队讼争，以滋闹酿祸。所最言之痛心者，争风打架，激起风潮，因此而演成毙命械斗之惨剧，是媚神将以求福而转以买祸，能不悲哉。民□所以有革除赛社，改良风俗之思想，爰拟约规，提倡劝导。幸仙溪宫南海庙各乡，九姓四十六社，均有同志先后赞成，理合禀请台端，准即出示通谕，存□石永远禁革，于维持治安，促进文明之道，稍有合焉。等情到县，据此，查现禀为改良风俗起见，应准，即出示晓谕。除批揭示外，合行出示晓谕，仰该镇人等一体遵照无违，特示。

民国贰年癸丑岁元月立

该碑文详述了清末民初潮汕各村游神穷奢极靡、逢社戏必讼的原因，提倡禁止游神赛社，改良民风。从中可见步入民国一些开明乡绅接受外来风气，着手改善乡风民俗。

方瑞麟（1880—1951）　字少麟，自署悟庵。普宁洪阳人，清末秀才。光绪三十一年（1905）留学日本，后参加同盟会。辛亥革命后任南洋宣慰使，历任潮安县民政长（1912年 6 月至 1913 年 4 月在任）、惠来县长、潮梅治河委员会主任。擅长书法，一生临池不辍。

王少文　讳廷献，海阳县龙溪都（今潮安庵埠）仙溪村人。清光绪年间举人。曾参加维新运动，废科举后回乡创办明诚小学，倡立龙溪中学、汕头青年会。因先于族人王少兰中举被称为"老举"。

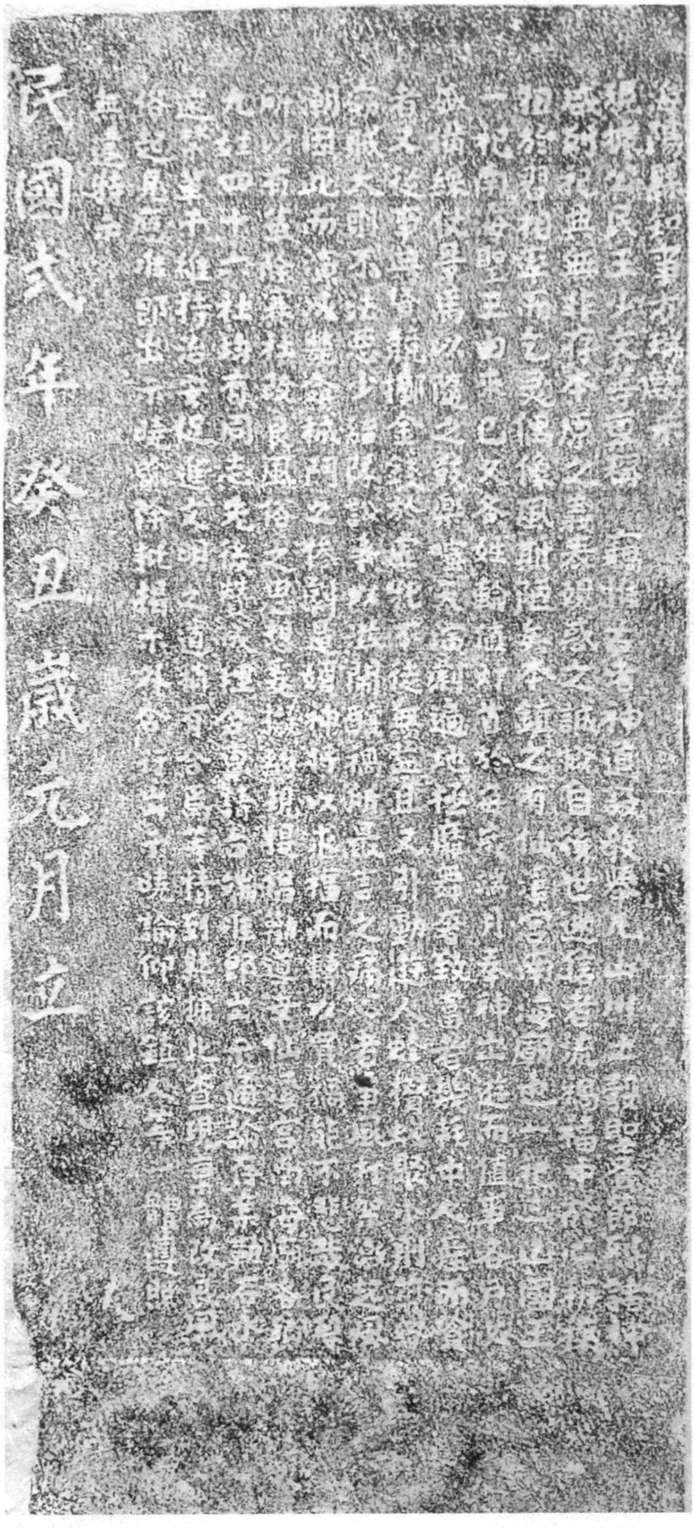
民國弍年癸丑歲元月立

134. 严禁占道碑记（民国六年，1917）

此碑原立于复兴路三山国王庙内，后移中兴街道办事处前作踏头石，现嵌于缅先亭后壁。高104厘米，宽43厘米，厚15厘米。无碑额，碑文共13行，行29字，字径2厘米。（碑名后加）

全文如下：

陈钧波等禀称："窃庵埠柯陇乡国王庙前龟桥，原系我乡人众往来必经之路，从来四通八达，无阻无碍。近被一种市侩奸商，不顾公路已阻碍，每自庙前之两旁概桥首尾左右高搭篷棚，摆设摊架，任意占塞，日甚一日。夏则秽气熏腾，卫生大碍；冬则篷棚枯燥，火烛难防。甚至乘舆负担、妇稚老幼经该路者，东撞西碰，致起相争，不思架造桥梁原以便行人起见。若不呈请示禁，勒令折复，各守旧址，不将行人阻碍。现蒙庵埠区长派警督拆，示禁在案，诚恐日久弊生，奸商射利，恬不在意。势亟合叩崇阶，恩准给示，勒石严禁，以儆将来，庶公益实行，效尤知法，是为德便"。等情前来，据此当批："此案昨经令行庵埠区督饬拆复，据呈前时，候布告严禁，以免阻碍交通而利行人，此批。"除揭示外，为此布告，仰该处人等一体遵照，嗣后不得在该庙前及龟桥左右盖搭篷棚、摊架，占塞路道，以免阻碍交通。倘敢故违，定行查究不贷。切切，此布。

中华民国六年五月廿一日
知事兼警察所长裘锡钊

该碑文是官里村民请潮安知事立碑，禁止在龟桥及国王庙附近乱搭乱建，滋生安全隐患。从中可见龟桥当时为庵埠寨与官里村出入的交通要道。

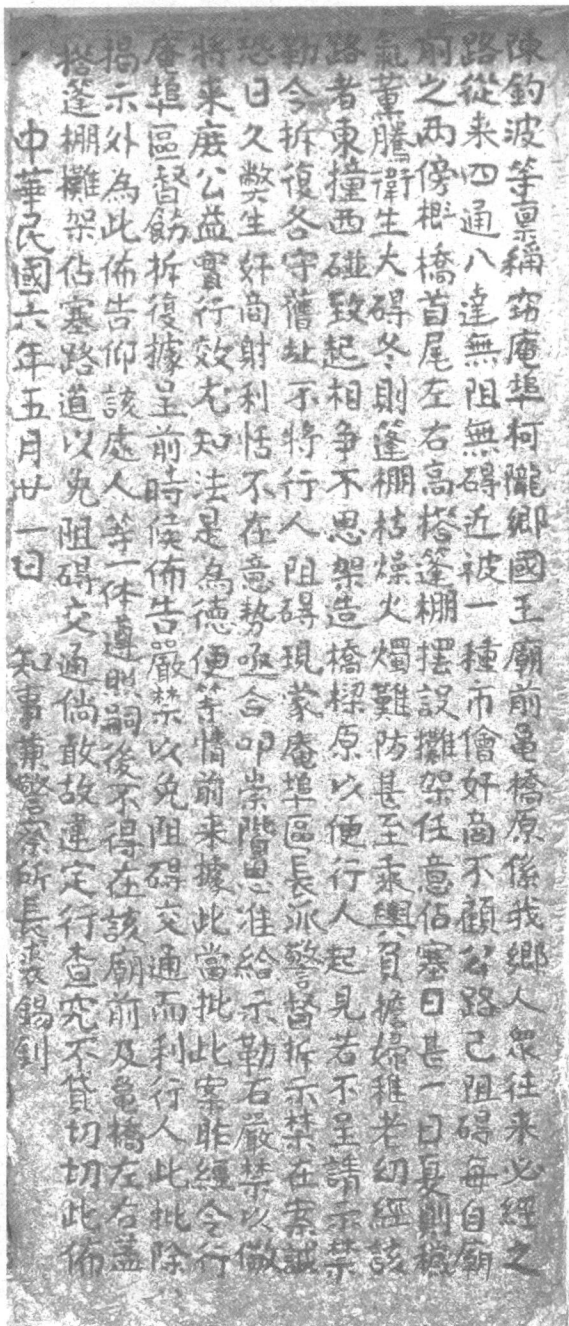

135. 重建九世祖祠永思堂记（民国十一年，1922）

此碑现嵌于郭陇村郭氏宗祠（俗称下田祠）右廊墙壁，由两块宽76厘米、高39厘米碑石组成。碑题"重建九世祖祠永思堂记"，字径4厘米，正书竖排。碑文共18行，行20字，字径3厘米。末行署年月及立碑人，正书。

该碑文叙述了华侨郭绍智回乡见宗祠因地震坍塌，于心不忍，倡议族人重修宗祠的过程。从中可见华侨们爱国爱乡、尊祖敬宗的桑梓之情。

全文如下：

尝思戊午春初地震为灾，我九世祖永思堂栋折榱崩，堂庑尽毁，俎豆之庭顿成瓦砾之场。凡属孙子莫不目击心伤，奔走号呼，共筹修葺之策。奈工程颇大，集款殊艰，迁延四载，卒未营筑。智寄迹南邦，心怀桑梓，遥想庙堂倾毁之状，辄为寝食不安，每逢风晨雨夕，大祭之日，尤不胜凄然泪下。念少遭屯塞，长伟有成，皆赖祖宗积德累仁之荫，今决解私囊出资重建。驰函请命父老昆弟，均蒙嘉许，爰于今春令仲弟绍复鸠工庀材，卜吉兴工建筑。可对列祖在天之灵乎。智之为此不过不忍宗庙陵夷，略尽儿孙职分已耳。乃父老竟以斯举上妥先灵下全族誉，所费不赀，厥功非小。集众公议以中龛右畔神位酬庸作祖宗之奖赐，垂后世以楷模。拜辞不得，自奉不敢，乃将斯位崇祀先祖考奉政大夫锡富公。承房众高谊，遂乌鸟私情于心，终觉歉然，故志其慨，勒诸贞珉，以示不忘。并愿后之登斯堂者，咸动木本水源之思，同敦敬宗睦族之义焉。

中华民国十一年时壬戌春月，裔孙绍智敬识

136. 洪氏世系碑（民国十二年，1923）

此碑现嵌于梅溪村洪氏家庙后厅墙壁，碑高 110 厘米，宽 51 厘米。（碑名后加）
全文如下：

本乡昭穆序自曩岁，民国四年汕岛建祠修谱，联各邑为一家，世系以定。系首“树”字合本乡“汉”字十五世，即三瑞堂五十一世；“人”字合本乡“兆”字十六世，即三瑞堂五十二世。壬戌风灾祠圮，今岁重修。诚恐年远易忘，顺将世系沥录于左：

族号世次：树人如木，欣荣春阳。明同观火，彝藻兼彰。敦仁安土，厚德延长，作砺若金，职贡荆杨。民监取水，澄澈池塘。梗楠桢干，松柏栋梁。炎熹炳熠，炽烈辉煌。增基培址，坤域野疆。镠铁银镂，镐铄镗鍠。江河润泽，瀛海汪洋。

书名世次：山川灵秀，毓瑞钟祥。笃生英哲，继叙其皇。诗书礼乐，性道文章。渊源有本，进修多方。功纯养粹，金精玉良。行芳志洁，特达圭璋。明廷弼教，秩序伦常。经猷济世，振肃纪纲。学优登仕，家富国强。垂裕后昆，椒衍蕃昌。

中华民国十二年腊月吉旦立

该碑文内容为洪氏将重修宗祠之事和世系铭刻于石。从中可考证潮汕洪氏曾于汕头联宗建祠、统一世诗的历史。

本祠始扵民国四年汕尾□通□街□□各□名□氏□□□

树字全不知谁字十五世即三□堂五十一世人等全本乡水□□□□

墙堂五十二世平戊见灭祠地全废重修□□□牛退为□□□□

树人如平水牛容肠　明问观义　□莲□□　教化安土　厘德延长　作碑□□

喊首荆扬民监取水　湾潮池塘　梗楠柏梓　□妻荆□　□□□

增基珸址坟域坒疆　锐铁银珄　松柏梿平　□□□

　　　　　铅铢镀镪　江河湖泽　瀛海王洋

山川蛮炙年瑞雅将　寓生英结　　

中川蛮炙年瑞雅将　

进条□方功纯发粋　粃叙其皇　事书護举　□□□

　　　金精玉民行□志缘　特达主席　明建忠永□□□

经献济也振甫绍纲　学碑公住　事富国强　□□□

中华民国十二年□□月□吉日立

137. 重修崇德堂序（民国十五年，1926）

此碑原立于仙溪村许氏家庙内，后散置于乔林村，现嵌于缅先亭后壁。高110厘米，宽65厘米，厚13厘米。额曰"重修崇德堂序"，字径6厘米，正书横排。碑文19行，行28字，字径2厘米，末行署年月，正书。

该碑文首先叙述了许氏自福建来庵埠创乡的曲折历程，接着介绍了华侨许有萱倡议重修宗祠的全过程。从中可见潮汕各姓氏先祖自福建迁徙来潮创乡之不易。

全文如下：

溯我许族，自一世祖由闽莆迁南澳，二世祖复迁厦岭，三世祖再迁鸥汀，至是乐土安居，干立枝蕃，子孙繁硕，遂聚而成钜族焉。清初顺治丁酉，海寇破寨，十四世祖嘉客公因避乱而移居内地龙溪都，是为我仙溪乡开基之祖。其时公年尚幼，赖公母谢氏妈临难有应变之方，挈携迁徙，使危而获安，诚女中丈夫。不数世，曾玄满堂。后人思其遗爱，至今犹称道啧啧。迨六七传后，于清季光绪甲午岁始为建祠，崇祀报德，故名其堂曰崇德堂。未几，仅廿余年而忽遭戊午地震，又继以壬戌风灾，祠遂倾坏。廿一世孙有萱，现年自南归来，目不堪睹，发议重修。由有立赞成，请内亲鸥汀族叔学劭、学善，外戚金砂谢表织云、芝荣与房众佥相筹画，斟酌改造，以期尽善尽美。共计修建费贰千零四十元公币。苦无余积，有萱愿捐资叁佰元为首倡，其余准由祠内裔孙有志报本者，得奉其先祖考妣入祠配享。其五层炉边中位准有萱奉置有阶公，捐特别牌位金贰佰元。余位六十元，合计四位共收三百捌拾元。统算尚差欠壹千三佰六十元，再由有萱全力筹出，为公借用。众议明以本祠公租每年收入抹出拾大石还有萱收，丁卯起，甲辰止，共三十八年准还借款清讫，利息不计。此亦有萱之一点孝思也。众议每年大祭须胙一份与有萱世袭，以作永远纪念。兴工仅一阅月，堂构焕然重新，此后岁时致祭有以观礼矣。上光先烈，亦下贻后昆。愿世世继继绳绳，俾俎豆千秋于勿替焉。可是为序。

中华民国十五年丙寅阴历十二月吉旦立

重脩崇德堂序

湖我許族自一世祖由閩遷南澳三世祖後遷履嶺二世祖肇
丁遷西鵬汀至樂土安居幹立校著子孫整頓遵逐聚而成鉅族
仙溪遵道使便開基而祖其時公年尚幼賴公母謝氏媽臨難治
其壤觀造以十四世祖壽容公園避亂而移居内地龍潢都為應
猶稱曰崇德堂一世叔祖有萱現年廿餘歲微金砌東微孫有志
倡觀造世孫有萱傳中年自南歸來圖不堪觀發議重脩以祠有
妖改遷以淮期盡善美其餘計淮金砌東千棗四十元公邸晉無解積畫請
愿堂配六十元谷計四位共收三佰捌拾元以本祠公祖每年收入
的祠賣以汀核叔舉勤學共計淮有萱世孫思其遺愛今轟我治
内觀造以期盡善美其餘計准建費貳千棗孫有階有志報本者
元齡位六十元谷計四位共收三佰捌拾元以本祠公祖每年收入
元齡由有萱全力籌出為公支止共三十八年准退借款以作永遠
大存還有萱收丁卻趨甲辰止共三十八年准退借款以作永遠
济府壹之一點本收議每年大祭須脂一份以興有萱世業光先
紀念興工僅一關月堂構煥然重新此後歲時致祭如禮是為序
烈崇下賜後昆愿世世繩繩俾豆可替爲可是爲序

中華民國十五年丙寅陰曆十二月吉旦立

138. 潮安县政府布告（民国二十一年，1932）

此碑立于梅溪村堤亭树旁围墙边。高 102 厘米，宽 50 厘米。碑文皆楷书竖排，首行题曰"潮安县政府布告"，字径 4 厘米。正文共 15 行，行 32 字，字径 2.5 厘米。末行署年月日及县长名字，字径 3.5 厘米。

全文如下：

潮安县政府布告

总字第一百五十四号

为布告事，兹据第五区下桂乡梅溪村里长陈我梅、陈日书、洪荣华、洪瑞初呈称：窃职等因本乡地濒大河，毗连澄海，首当冲要，村小族微，防范难周，复以沿堤庙宇恒有外来流丐群住栖宿，勾结匪类，时有所闻，于本村环境实有特别危险情形。为未雨绸缪计，于去年十二月九日联呈请求令警搜解送院，并请布告禁止等情，业于同月十二日蒙奉指示，准令行第五区公所筹委会暨南桂区公安分局通饬队警，广为搜索，随时解送贫教院收容。此批等示在案，仰见钧长关心治安，保护闾阎至意。惟本乡地连邻村，四通八达，流丐来往无常，行踪诡秘，警到则彼去，警去则彼来，且队警无几，距村又远，若仅恃队警搜解，实有鞭长莫及之势，况当此冬防吃紧，尤宜特别注意。思维再四，焦灼万分，惟有据情仍请钧府察核，准予发给布告，明令禁止流丐入乡，俾彼触目警心，不敢越境勾引匪类，庶匪源可靖，闾阎得保，地方幸甚。等情到府当批呈悉。现当冬防吃紧之际，该村毗邻澄属，流丐入村，勾引匪类，事诚可虑，所请布告查禁，应予照准，并候令行第五区公所筹备委员会、南桂区公安分局遵照前令严厉搜索，随时拘解。布告发该管区分所转给张贴，仰即知照。此批在词，除揭示及分令外，合行布告。仰该村居民人等知悉。嗣后如有流丐入村，务须迅报队警拘解，毋得任其混迹，致妨治安，切切，此布。

民国二十一年一月十七日　县长吴文献

该碑文叙述了流丐栖宿梅溪村附近庙宇，且勾结匪徒滋事。村民呈请潮安县长为立示，禁止流丐进入村中。从中可见清末民初社会治安混乱之状况。

吴文献（1890—1952）　字伯谦，揭阳月城镇篮头村人。保定陆军军官学校第一期毕业生，历任排长、连长、营长、参谋长，后任潮安县长。抗日战争初期赴陆军大学深造，授中将衔，退役后回汕头闲居，曾任汕头市第一届人大代表。吴文献擅书法，喜收藏，书法初宗王右军、苏东坡，晚年渗以魏碑，一变书风为沉劲。

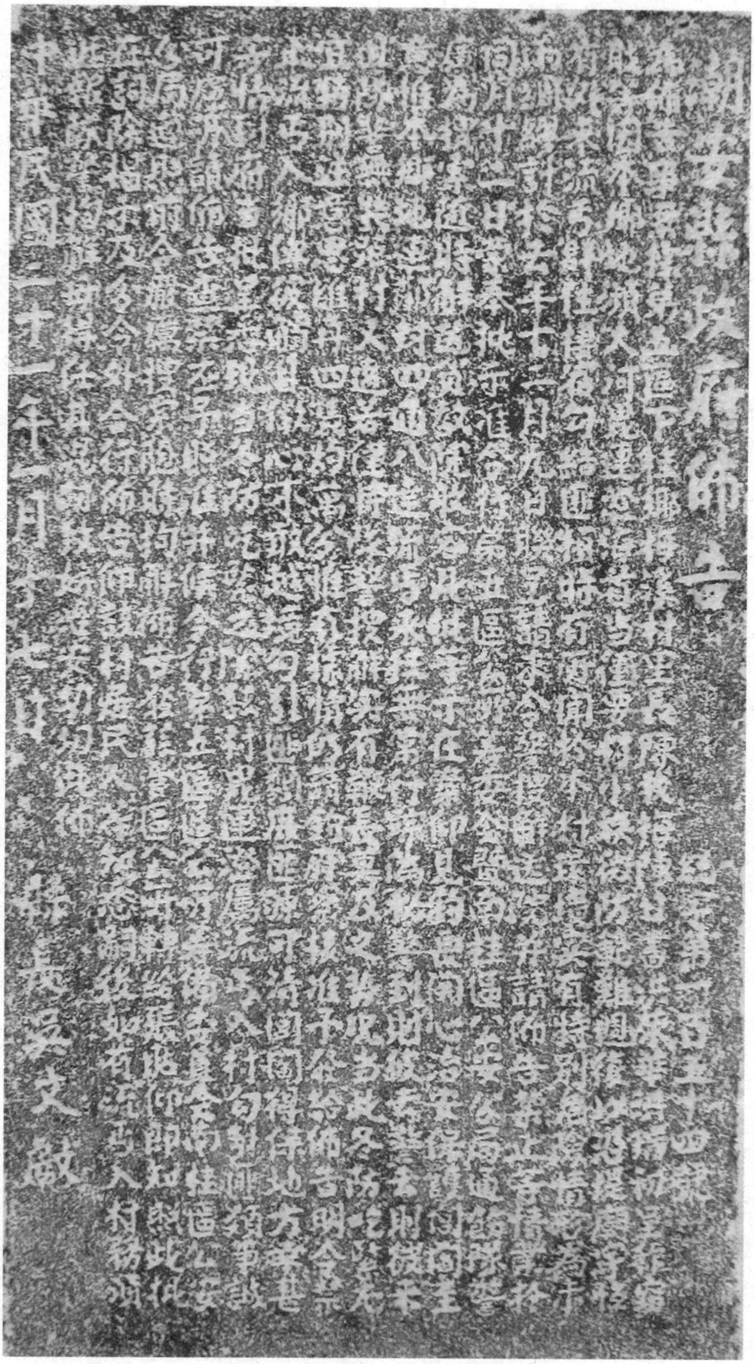
新安縣政府佈告
中華民國二十一年一月十七日

139. 潮安第八区公共体育场奠基（民国二十五年，1936）

此碑原立于庵埠体育场，后散置于新乡树下，现嵌于缅先亭后壁。高150厘米，宽60厘米，厚16厘米。中间碑题"潮安第八区公共体育场奠基"，字径8厘米。右署年月，字径4厘米。左署立碑人，字径3厘米。皆正书竖排。

全文如下：

中华民国二十五年十一月二十日
潮安第八区公共体育场奠基

筹备委员会常务委员
郭海珊　邓　鄂　袁春晖
王永大　陈友云　梁若蘅　杨书典
杨书南　杨伯远　林翼庭　柯俊才
立

140. "陈氏家庙"门额背面铭文（民国三十七年，1948）

此铭文录自《庵埠志》，刻于西畴美陈氏家庙门额背面，应是1948年陈素重修祠堂时所刻。宽160厘米，高55厘米。字径4厘米，正书。

该铭文叙述了陈氏祖籍及宗祠创建、历次重修的具体时间，是考察古建筑风格演变的珍贵历史依据。（注：现图片铭文系重刻）

全文如下：

我祖系由福建兴化府莆田县涵头乡叨登科第，任广东梅州学正，讳汉。十六代孙等会公银，于大明万历七年已卯冬月建，大清道光甲辰年仲春重修，民国十年岁次辛酉秋月重修，民国卅七年戊子瓜月重修。

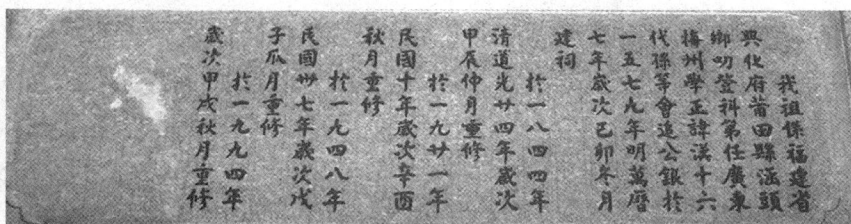

141. 重修文阁碑文（民国三十七年，1948）

此碑原嵌于旧文阁旁围墙，现嵌于缅先亭后壁。高 125 厘米，宽 57 厘米。额曰"重修文阁碑文"，字径高 10 厘米，宽 8 厘米，篆书横排。碑文共 12 行，行 25 字，字径 3 厘米，末行署年月，正书。

全文如下：

龙溪大鉴洲旧有文阁，明尚书林公熙春所创建也。崇祯间，黄海如乱，毁于大清道光己亥，先大父祚鉴公集士绅醵资重建。后构崇享祠三楹，祀捐资者先祖；筑凌云楼，为学子谋习之所，龙溪人文为之一振。民国廿八年倭祸，阁之二三层又墟焉。洎重光，余与李君鸣初、林君翼庭、陈君世芸、杨君岫云、杨君香普、陈君午楼、杨君书典、王君永大、扬君书南、郭君昭仰、陈君鸿飞、陈君复章、薛君贵权、林君舜阶等追抚前规，倡仪增设牌位，捐款复之。易地拓园，鸠工庀材，不数月而落成。清光涣涣，飞阁渠渠，岁时伏腊，於以明伦缔谊，岂徒登临之美！亦正风观化所不容已也。爰重整祖产，新订祠册，俾垂永久。并述颠末，勒石以俟来者。

重修文阁委员会主任委员　陈友云

中华民国卅七年八月一日

在该碑文中陈友云叙述了文阁的历史，并盛赞重修后美景。从中既可追溯文阁的历史，也可从所列众乡绅名字考究庵埠当时的名门望族。

文阁　又称文昌阁、魁星楼，建于大鉴洲上（即今万和桥头）。阁为全木结构，中间立柱贯穿三层，旁设螺旋梯。阁顶以大小两水缸装饰为葫芦，内祀文昌帝君及奎星。明代尚书林熙春擅堪舆之学，察"韩江巽方无山"而倡建文阁于此，崇祯年间毁于兵燹，直至道光十九年（1839），才由陈祚鉴、郑应时等倡议重修。民国二十八年（1939），阁之二、三层又毁于日军兵火。1948 年，由李鸣初捐资，陈友云、李鸣初等主持修复。1962 年列为潮安县文物保护单位，1964 年却被拆毁。

陈友云（1888—1973）　　原名树森，亭厦村人。青年变卖家产留学日本，并加入同盟会。辛亥革命起，奉命回国策应，与云青海设机关于汕头。1921年2月出任潮安县长，兼庵埠警察所长，1923年任汕头市市政厅长。1925年赴日本明治大学进修，获学士学位。1935年任广东省东区绥靖公署总务科长，后调任东江治河委员会主任，赴南洋募资准备治理韩江，因日军入侵而停办。1939年任揭阳县长，不久潮汕沦陷，乃力除汉奸。1940年因病赴香港休养，后香港沦陷，奔韶关，至兴宁任广东粮政局东江储运处主任。1943年再任揭阳县长，整饬教育，禁种鸦片，赠麦种与农民。1948年赴香港定居，1973年逝世。

142. 翁氏粮山界（年代不详）

此刻位于龙坑山分水岭一大石（面朝蓬洲金刚岩）上，内容为"翁氏粮山界"，正书阴刻，字径约40厘米。左近有蓬洲翁氏宋代祖墓群，应为翁氏所立粮山界碑。

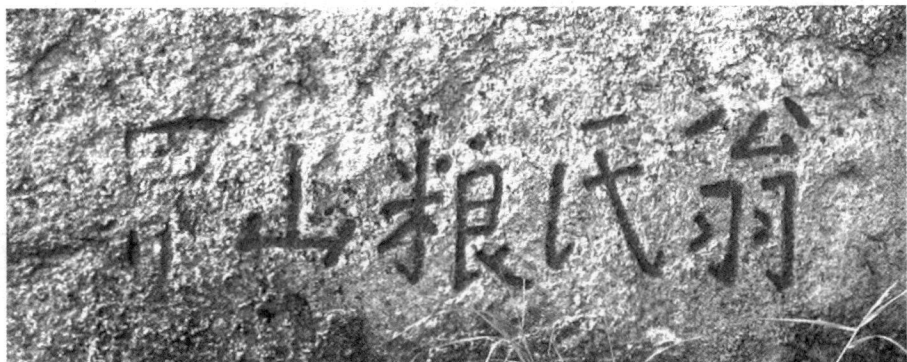

翁氏粮山界全景图

143. 场公山界（年代不详）

此刻位于庄陇山兔场山一朝庄陇村大石背阴处，内容为"场公山界"，正书阴刻，字径约 20 厘米。不知为何姓氏祖墓粮山界碑。

场公山界全景图

144. 已佚题刻

匾额或碑记名称	款识	年代	备注
"烈妇杨金惜墓"碑	大明天顺五年立，广东按察司金事毛吉题	明（天顺五年）	原立于外文村石牌巷口，（嘉靖）《潮州府志》有载
回澜砥柱	王守仁题，杨任斯书	明	外文村报功祠中所挂匾额
凤鸣高岗	海瑞题	明	同上
媲美禹功	黄琮题，邹鎏书	明	同上
永思堂	林大钦	明	官路村张氏家庙堂匾
永思堂	金陵胡任舆书	清	外文村杨氏家庙堂匾
吟庐	朱汝珍		庵埠知名书店云壁斋店主宅第门额，位于外文村直马路
厚德堂	陆润庠		溜龙村郭明允老师祖居大夫第堂匾
凤鸣朝阳	孙中山	民国	孙中山题赠宝陇村曾任饶平、南澳县长的林少梅
毁家纾难	孙中山	民国	同上
见危受命、精忠报国	蒋介石	民国	题赠文里村抗日烈士空军中尉杨应求
瑜庐	陈铭枢	民国	"彩记"包饼铺店主宅第门额，位于外文村直马路
水吼桥	陈小豪	民国	
国营庵埠商场	秦咢生		位于亨利路体育场对面
重造西洋桥碑记	具体不详	清代（乾隆五十七年壬子）	原立于龙坑村西洋桥头，韩山师范学院潮学研究院师生曾前来拓片

注：该表中《重造西洋桥碑记》、"烈妇杨金惜墓"碑是碑记，其他都是匾额。

参考文献

［1］陆峻岭、林干：《中国历代各族纪年表》，呼和浩特：内蒙古人民出版社，1980 年。

［2］（清）周硕勋纂修：（乾隆）《潮州府志》，影印本，潮州：潮州市地方志办公室、潮州市档案馆，2001 年。

［3］（清）张士琏纂修：雍正《海阳县志》，影印本，潮州：潮州市地方志办公室，2002 年。

［4］（清）卢蔚猷纂修：（光绪）《海阳县志》，影印本，潮州：潮州市地方志办公室、潮州市档案馆，2001 年。

［5］（清）李书吉等修，蔡继绅等纂：（嘉庆）《澄海县志》，影印本，台北：成文出版社，1967 年。

［6］翁辉东、黄人雄：《潮州乡土历史教科书》，宣统元年（1909）海阳剑光编书社手书石印本复印本，汕头市潮汕历史文化研究中心藏。

［7］饶宗颐总纂：《潮州志补编》，潮州：潮州海外联谊会，2011 年。

［8］杨启献主编：《庵埠志》，北京：新华出版社，1990 年。

［9］黄挺、周旭涛编：《冠山文献》，香港：香港科技大学华南研究中心，2012 年。

［10］（明）薛侃著，陈椰编校：《薛侃集》，上海：上海古籍出版社，2014 年。

［11］丘玉卿、丘金峰编著：《潮汕历代书画录·潮州市卷》，汕头：汕头大学出版社，1993 年。

［12］孙淑彦：《揭阳美术家人名辞典》，香港：东方文艺出版社，2004 年。

［13］蔡仰颜主编：《汕头历代书画人物录》，槟榔屿：槟榔屿潮州会馆，2011 年。

［14］孙淑彦：《揭阳历代县长考论》，揭阳：揭阳市民俗博物馆，2005 年。

［15］《潮州（东凤）陈氏族谱》，民国十三年影印本。

［16］《（陆丰）薛氏族谱》，民国手抄本影印本。

［17］《（庵埠）杨氏族谱》，潮州庵埠杨氏族谱编委会，2004 年。

［18］《（庵埠）庄氏族谱》，潮州市庄陇庄氏理事会族谱编委会，2013 年。

［19］《（庵埠）郭氏族谱》，潮州市凤郭氏族谱续修编委会，1997 年。

［20］潘拒霜：《潘陇村志》，手稿复印本，1998 年。

［21］李才进编：《三湾史略》，广州：广东人民出版社，2007 年。

［22］林俊聪：《潮汕庙堂》，广州：广东高等教育出版社，1998 年。

［23］李仲昕：《庵埠素轩林公祠书法石刻及书法家简介》，潮安县政协文史委员会编：《潮安文史》（第十一辑），2007 年。

［24］沈观齐：《公社书记林诗渠》，潮安县政协文史委员会编：《潮安文史》（第十四辑），2010 年。

后　记

　　庵埠镇位于潮州市南端，毗邻汕头、揭阳、澄海，古称龙溪都（北宋元丰年间今庵埠境内已置龙溪都，属潮州海阳县延德乡）。先达林熙春有言，"龙溪以网络群流而得名"，古时为韩江出海口，溪流众多，水运通达，而使庵埠历为潮汕重要集市，志书称"庵埠集百货之舟，如蜂屯蚁聚"，民间俗语亦云"一庵埠二棉湖"，其历史地位可见一斑。

　　自古有"岭海文明"之誉的庵埠镇，历来文化繁荣、经济发达。明代先贤薛侃、杨琠等人远涉拜学王阳明门下，并致力阐扬王阳明心学，在广东乃至福建、江西一带产生重要影响，使得庵埠屡获时贤名流青睐。王阳明、海瑞分别为杨琠报功祠题赠"回澜砥柱""凤鸣高岗"；夏宏为薛氏家庙题书"正气正学"，揭阳罗万杰为撰《薛氏心田公祠碑记》等。可看出这一文脉之传承影响，"林氏家庙"中晏春鸣为林熙春所立"海邦正气"四字正是最好的概括。

　　庵埠历来崇文重教，明清有"中离书院""梅溪书院""龙溪书院"诸斋，又有"文昌祠""仓颉圣庙"之祀，文风丕盛，在历次科举考试中屡现父子蝉联、兄弟中举的现象，"进士""贡元""文魁"等褒奖匾额比比皆是。

　　清末民初，随着汕头开埠的机遇及政府贸易政策的宽松，庵埠商业活动更加活跃，不再局限于本地，也前往江浙、上海乃至海外进行商业活动，商人经济实力雄厚，不少商人捐官并大建府第，如仙溪乡王钦"中宪第"、开濠村李鸣初"鸣园"等。这一时期海外华侨致富后也归梓大肆建造豪宅，虽不如金砂陈旭年从熙公祠之气派、豪华，也都不惜重金延请名家题刻以充门面，像清末状元鲁琪光、梁耀枢、探花朱汝珍都名列其中。更有民国政要书法，如芳园之宋子文题刻、于右任为饶平县长陈小豪题写书斋"南华"、十九路军军长陈铭枢所题"瑜庐"、章太炎为汕头专员陈友云题写"归园"等，不一而足。

　　从以上历代题刻可一窥庵埠人文、政治、经济的发展状况，它们更是研究庵埠乃至潮汕历史的重要史料，惜历来无人进行系统搜集整理。笔者不揣浅陋，自2010年萌发念头，想把庵埠区域内历代有历史价值之题刻进行搜集存档，拍照、拓片或访问耆老，深究其背后之掌故，如从民国中山大学校长王星拱所题"天乎莫问"匾寻访得一段令人心痛的学子沉溺事件，从"张氏家庙"匾额落款访得明代兵部尚书翁万达少年曾在庵埠官路村就读并成为张氏女婿的故事。这些历史文献资料若不及时加以整理，随着老一辈知情人的相继离世可能就再也没人知道了。尤其是近年来随着人们纷纷搬迁至新区定居，村中老屋或无人看管，或出租给外来务工人员，因剥落蛀蚀、乱建乱搭等天灾人祸，不少名人题刻逐渐损毁，如吴氏宗祠门壁清代金山、韩山两书院掌教吴道镕所题隶书，几年时间已大部分剥落，连款识也只是依稀可辨而已，如不加紧收录、说明，后人将永远不知为何人所书了。还有一些祠堂、寺庙在近年重修过程中，因村民不懂修旧如旧，大肆毁坏原有题刻，重新铭刻装饰，如薛氏家庙中薛士彦所撰、立于天启年间之"薛氏大宗祠祀典序碑"就被磨洗新刻，令人扼腕痛惜。

职是之故，对这些历代题刻的记录、拍照、制拓留存并整理研究显得更加重要，且迫在眉睫，希望本课题研究能引起人们的重视，促进当地历史文化遗产的保育，填补前人研究之空白，亦对潮学研究有所裨益。

拙作之成，全赖诸师友不弃。蒙古文字专家、中山大学曾宪通教授赐题书名；韩山师范学院潮学研究院黄挺教授不仅详阅全文，纠正其中诸多纰漏，且惠赠早年在庵埠所拓碑记资料并赐序，两长者之润泽使篇卷生辉。华南师范大学讲师陈椰博士为全书行文把关润色；潮汕历史文化中心青年学者陈嘉顺、林志达两兄帮助出版相关事宜；汕头海关关史陈列馆周修东馆长、原庵埠文化站杨启献站长、原潮安摄影协会郭克勤主席，好友陈贤武、孙杜平、黄桂华、杨万洲、周喜铭、林庆华、陈江斌诸兄或襄助资料，或帮助制拓；兄焕新、弟焕鸿协助文字录入；还有众多提供帮助的朋友，恕不能一一罗列，在此一并致以衷心感谢！

因本人学识疏浅，书中定有不少误处，敬请方家不吝指正。

杨焕钿

2018 年夏

《潮汕文库》大型丛书第一辑书目

系列名	书名	作者
潮汕文库·研究系列（第一辑）	潮汕史简编	黄挺著
	潮汕方言歌谣研究	林朝虹、林伦伦著
	潮汕华侨史	李宏新著
	选堂诗词集通注	饶宗颐著，梅大圣注
	饶宗颐辞赋骈文笺注	饶宗颐著，陈伟注
	饶宗颐绝句选注	饶宗颐著，陈伟注
	汕头影踪	陈嘉顺著
	汕头埠老报馆	曾旭波著
	潮人旧书	黄树雄著
潮汕文库·文献系列（第一辑）	潮州耆旧集	（清）冯奉初辑，吴二持点校
	郭子章涉潮诗文辑录	（明）郭子章撰，周修东辑校
	潮汕女性口述历史：潮州歌册	刘文菊、陈俊华、李坚诚、吴榕青、刘秋梅编著
	人隐庐集	（清）吴汝霖、吴沛霖撰，吴晓峰辑校
	做"缶"与卖"缶"：近现代枫溪潮州窑陶瓷业访谈录	韩山师范学院图书馆、颐陶轩潮州窑博物馆主编，李炳炎、陈俊华、陈秀娜编
	瞻六堂集	（明）罗万杰撰，黄树雄、王缨缨、林小山整理
	四如堂诗集	（清）陈锦汉著，陈伟导读
	醉经楼集	（明）唐伯元撰，黄树雄、王缨缨、陈佳瑜整理
	百怀诗集、龙泉岩游集	（清）陈龙庆撰，陈琳藩整理
	重刻灵山正宏集	（清）释本果撰，郭思恩、陈琳藩整理
	立雪山房文集	（清）黄蟾桂撰，陈景熙、陈孝彻整理
	汕头福音医院年度报告编译（1866—1948）	（英）吴威凛（William Gauld）等著，朱文平编译